KB048426

나는
어지
르고 살기
했 로
다

나는 어지르고 살기로 했다

제니퍼
매카트니
지음

김지혜
옮김

동아일보사

이 책은 정리법에 관한 책이 아니다. 이 책은 삶을 어떻게 계획하는지 가르쳐주지도, 어떻게 하면 인생을 즐겁게 살 수 있는지 알려주지도 않는다. 그러니까 이 책은 당신이 기대하는 형태의 자기계발서가 아니다.

 이 책은 절대로 당신의 파라슈트 색깔을 결정해줄 수 없다. 리처드 볼스(Richard N. Bolles)가 쓴 자기계발서《파라슈트(What Color Is Your Parachute?)》를 언급한 것 -옮긴이 마찬가지로 지금 이 순간의 기회를 잡게 해줄 수도 없다. 이 책은 패러디다. 아마 미국과 캐나다의 서점을 방문한 독자라면 이 책을 유머 분야 서가에서 발견할 수 있을 것이다.

고양이는 장동사니를
좋아해!

CONTENTS

타자기는 도대체
어떻게 그리는 걸까?

Introduction

"자신이 주변 사람과 똑같아진다는 생각이 든다면,
잠시 멈추고 고민해봐야 할 때다."

- 마크 트웨인(Mark Twain)

너저분함의 시대는 가고 정리정돈의 시대가 왔다. 모두 미니멀리즘, 가계 부채 증가, 곤도 마리에(近藤麻理惠) 식 정리법 덕분이다. *

우리 가족과 친구들은 12억 부 넘게 팔린 베스트셀러《인생이 빛나는 정리의 마법》의 영향을 받아 정리를 시도했지만, 다들 계속해서 실패했다. 지켜보는 내내 마음이 불편했다. 할머니한테 물려받은 손뜨개 비키니 수영복, 아들이 양의 다리 모양으로 만든 재떨이를 버리지 않았더라면 좋았겠다고? 젠장, 정말 유감이다. 이런 후회는 전

* -

이 정리법(《인생이 빛나는 정리의 마법》의 저자 곤도 마리에의 정리법 — 옮긴이)을 모른다고 해도 괜찮다(모른다는 게 솔직히 조금 이상하기는 하지만). 간단히 말해서 양말 따위와 대화를 나누는 방법이라고 생각하면 된다.

13

부 정리에 관한 말도 안 되는 강박관념 때문이다.

정리정돈 유행에 얽매이지 말고 지루한 질서와 단조로움에서 벗어나라. 남은 물건이 거의 없을 정도로 깨끗하게 정리된 집의 풍경은 전부 똑같다. 지저분한 집에서 사는 게 오히려 훨씬 나은 삶의 방식이다. 더 좋고, 더 진정성 있으며, 많은 면에서 아메리칸 드림에 더 가깝기도 하다.

미국은 기회의 땅이며 소유의 땅이다. 캐나다는 집집마다 제설 장비까지 있으니 미국보다 더 대단한 소유의 땅이다. 잡동사니를 버리라는 주문은 터무니없을 뿐 아니라 비겁하기까지 하다. 물론 당신이 직면한 골치 아픈 문제를 해결하는 일보다는 서랍을 뒤져서 물건을 닥치는 대로 버리는 일(미안하다, 어떤 사람에게는 '설레는 물건'만 골라서 남겨놓는 일이겠지)이 훨씬 쉬울 것이다. 남편이 넥타이가 엄청나게 많아서 당신에게 더 자주 사랑한다고 말하지 않는 게 아니다. 그러니까 잡동사니 탓을 할

게 아니라 진짜 문제를 해결하려고 애쓰는 편이 더 낫지 않을까? 정리는 안일한 방법이다. 현혹되지 마라.(본격적으로 문제에 직면하기 전에, 일단 컴퓨터를 켜서 당신 기분을 즐겁게 해줄 물건을 서너 개쯤 주문한 뒤 상황이 나아지는지 살펴보자.)

사람들은 물건을 사고, 물려받고, 모으기를 좋아하며, 여기저기 늘어놓기도 좋아한다. 많은 물건을 소유한 사람들이 참신한 아이디어를 더 잘 받아들이고, 더 창의적이며, 훨씬 더 똑똑하다고 말해주는 연구 결과가 있다. 학술지《심리과학(Psychological Science)》이 발표한 연구에 따르면, 무질서한 환경이 관습과 규범을 타파하도록 유도한다. 지저분한 방에 있던 사람들은 깨끗하게 정리된 방에 있던 다른 피험자보다 매우 창의적인 답을 약 다섯

스무디

배 많이 내놓았으며, 스무디를 선택할 때도 '대표 상품'보다 '신제품'이라는 표시가 붙은 메뉴를 더 많이 선택하는 경향이 있었다. * 이것이 정확한 진실이다.

정리정돈에 얽매이지 마라. 조금 더 어지르고 사는 대가로 맛볼 수 있는 달콤한 이익을 생각해라. 지카 바이러스, 씻지 않은 시금치, 심장병 등으로 죽기 전에 당신에게 남은 시간을 생각해보라.

집을 깔끔하게 유지하기 위해 도대체 얼마나 지독한 노력을 쏟아부어야 하는가? 물건에 대한 욕심과 그 물건을 소중히 여기지 않는 태도는 잘못되었다는 믿음에 세뇌되었는가? 혹은 〈구프(Goop)〉영화배우 기네스 펠트로 (Gwyneth Paltrow)가 운영하는 라이프스타일 웹사이트-옮긴이, 《마

★ -

캐슬린 D. 보스(Kathleen D. Vohs), 조셉 P. 레든(Joseph P. Redden), 라이언 라히넬 (Ryan Rahinel), '건전한 선택, 관용, 규범을 낳는 질서와 창의성을 낳는 무질서 (Physical Order Produces Healthy Choices, Generosity, and Conventionality, Whereas Disorder Produces Creativity)', 《심리과학》 24권 9호, 2013년.

사 스튜어트 리빙(Martha Stewart Living)》마사 스튜어트의 회사에서 발행하는 권위 있는 라이프스타일 매거진-옮긴이, 〈아파트먼트 테라피(Apartment Therapy)〉인기 있는 미국 인테리어 디자인 블로그-옮긴이 등에 당신의 집이 실릴 일이 전혀 없다는 데 좌절해야 하는가? 곤도 마리에 식 사고방식을 버리지 않으면 정리에 실패했을 때의 수치심과 굴욕감을 초래할 뿐이다.

"분노 조절 장애가 있다고? 잡동사니가 너무 많아서 그렇다.""결혼생활이 불행하다고? 잡동사니 때문이다." "불면증이 있다고? 잡동사니 때문이야!""소화불량에 시달린다고? 곡물에 든 글루텐이 아니라 전부 당신의 그 빌어먹을 잡동사니 때문이다!" 이런 식으로 정리정돈이 정서적 삶의 질을 실질적으로 높여줄 수 있다고 강변하는 이야기가 진짜 헛소리다.

누가 진짜 정리를 잘하는 사람이었는지 말해볼까? 영화 〈아메리칸 사이코(American Psycho)〉의 연쇄살인범

패트릭 베이트먼(Patrick Bateman)이다. 무솔리니도 정말 깔끔한 사람이었다. 무솔리니는 특히 서류 정리하는 일을 매우 좋아했다고 한다. 1970년대 미국에서 악명 높았던 연쇄살인범 테드 번디(Ted Bundy)는 어떤가? 지독할 정도로 깔끔했다. 이제 자문해보자. 당신은 어떤 사람을 친구로 삼고 싶은가?

이 책에서 나는 충만한 삶을 사는 나만의 방법인 'FREE 방식'을 소개하려고 한다. 여기서 FREE는 'Frozen Rogaine Eggs Eggs'일까, 아니면 'Fancy Riding Eve Ensler'의 약자일까? 모두 알파벳에 끼워 맞춘 의미 없는 단어의 나열이다─옮긴이 생각하기 나름이지만 특별한 의미는 전혀 없다. 그러나 자유(FREE)는 소중하며 우리 모두 추구해야 할 가치이다. 그게 아니라면 모두 버리기 중독자들(FAPpers: Fatally Addicted to Purging, 점심 도시락 정도가 아니라 소유물을 병적으로 갖다버리는 사람들 말이다)처럼 인생을 망치게 될 것이다.

다시는 깨끗함과 씨름하지 않아도 되도록, 이 책을 통해 당신의 삶을 바꿔주겠다. 토냐 하딩(Tonya Harding)의 측근이 낸시 케리건(Nancy Kerrigan)의 무릎을 내려친 것처럼 정리에 관한 당신의 강박을 박살 내줄 것이다. 1994년 미국 피겨스케이팅 올림픽 대표 선발을 앞두고 한 괴한이 피겨스케이팅 선수 낸시 케리건의 무릎을 둔기로 내려쳤다. 부상을 당한 케리건은 대회에 출전할 수 없었고, 그녀와 라이벌이던 선수 토냐 하딩이 대회에서 1위를 했다. 그러나 나중에 하딩이 사건을 사주했다는 사실이 밝혀졌다-옮긴이 잠깐 옛날이야기 좀 해봤다.

이제 버리기 중독에서 벗어날 때이다. 당신이 사이비 종교에 취약하지 않으며 멀쩡히 잘 사는 사람이라면, 곤도 마리에 식 정리법 가운데 적어도 몇 가지에는 몸서리쳤을 것이다. 다음에 나오는 아주 유용한 표를 통해서 '버리기 중독'과 '자유'의 사고방식 차이에 대해 비교 분석해보자.

버리기 중독자들은 추종자들에게 가진 물건 대부분

	버리기 중독	자유
좋아하는 책	책도 잡동사니다. 필요한 페이지만 찢어서 따로 정리해둔 다음 나머지는 재활용 쓰레기로 버려라.	바보 같은 짓 하지 마라.
어린 시절 엄마가 해주시던 참치 캐서롤 요리가 생각나는 오래된 오븐용 그릇	버려라. 엄마는 필요 없다. 그리고 엄마가 캐서롤도 아니지 않은가?	아직도 참치 캐서롤을 만들어 먹는다고? 그렇다면 당신은 1970년대 미국 중서부 출신 가정주부 같은 사람이다. 당신에게는 그 그릇이 꼭 있어야 한다.
양말	양말은 몇 켤레면 충분하며, 작게 돌돌 말아 보관해야 한다. 다른 방식으로 개는 것은 양말의 감정을 상하게 하는 멍청한 짓이다.	양말은 감정이 없다.

을 버리라고 할 뿐만 아니라, 그들을 자극하는 물건(아니,

'설레게' 하는 물건)만 남겨놓으라고 요구한다. 그리고 물

건과 대화를 나누라고도 말한다. 누가 매일 가방을 비운 뒤에 잘 접어서 선반에 올려두고 가방이 하루 동안 나에게 해준 수고에 감사할 여유 따위가 있는 거지?

제장, 다들 정신 차려라.

경고 :
자기계발서는 죄다 헛소리다!

책은 결코 문제를 해결해주지 않는다. 술은 도움이 될 수 있으며 가끔은 좋은 해결책이다. 하지만 당신의 파라슈트는 무슨 색깔이냐고? 이건 도대체 무슨 말인가? 남자같이 생각하는 법을 배울 수 있는가? 친구들과 영향력 있는 사람들을 내 편으로 만들라고? 지금 이 순간의 기회를 잡으라니?

전부 허튼소리다. 《성경》《코란》《모르몬경》(유명한 브로드웨이 뮤지컬을 토대로 쓴 책 말이다) 같은 유수의 자기계발서라고 해도 어쨌든 책에 지나지 않으므로 모든 문제를 해결해주지는 못한다.

책은 당신을 도와주지 않는다. 나도 문제를 해결해주겠다고 장담하지 않겠다. 사실 내 목표는 자기 자신, 혹은 주변 사람을 돕고 싶다는 당신의 바람을 꺾는 것이다. 특히, 깔끔하게 정리하며 살고 싶다는 바람이라면 말할 것도 없다. 솔직히 생각해보면, 정리정돈도 어차피 한때의 소망으로 지나갈 뿐이다.

당신이 늘 마법 같은 해결책이나 묘약을 찾는다는 것을 안다. 나도 마찬가지다. 그러나 지금까지의 경험으로 보면, 사이비종교는 해결책이 될 수 없다. 섹스 파티도 답이 될 수 없다. 종교의 탈을 쓴 채 다시 유행하고 있는 점성술, 수정(水晶) 치료법, 타로카드, 위카(Wicca) 주술, 매직 8볼, 요가, 수납용품 상점도 마찬가지로 도움이 되지 않는다.

가끔 누군가에게 중요한 결정을 맡기고 싶을 수는 있

다. "폭식증 경험담을 〈허핑턴포스트(Huffington Post)〉에 얼마나 더 기고해야 출판 제의를 받을 수 있을까요?" "왜 결혼을 했을까요?"* "왜 남자 친구 성기 모양이 이상한 거죠? 혹시 성병에 걸린 걸까요?" 사람들이 이런 망할 문제에 대한 해답을 원하는 것도 정상이다.

왜 자기계발서가 인기 있는지, 왜 사람들이 론 허버드(L. Ron Hubbard)미국의 신흥 종교 사이언톨로지 창시자-옮긴이에게 기도하는지, 요리 경연 프로그램과 부동산 리얼리티 쇼가 왜 하루에 서른여섯 번씩 방송되는지는 이해가 된다. 텔레비전에 나온 사람들이 엉망으로 무너졌다가 이내 다시 일어서는 과정을 보고 있으면 묘한 만족감이 든다. 머랭으로 만든 아름다운 장미꽃 모양 케이크를 보거나 새끼 판다가 노는 모습을 볼 때도 마찬가지다. 사회

★ ---

구글 검색창에 '왜(why)'를 써넣었을 때 나온 자동 완성 검색어 가운데 다섯 번째가 이 질문이었다. 이걸 보니 정말 우울했다.

적 지위를 높이고 싶다거나 평소 불만이었던 점을 해결하고 싶다는 바람에도 전혀 잘못이 없다고 생각한다. 하지만 삶을 바꿀 수 있다는 마법을 약속하는 정리정돈 유행법이나 책은 조심해라. 이 세상에 존재하는 진짜 마법은, 당신이 누군가와 사랑할 때 느끼는 황홀감뿐이다.

나는 잘 어지르는 사람이다

너저분하게 살기는 쉽다. 태어나기를 너절하게 태어나 너절한 상태로 죽게 되니 본능이라고 볼 수도 있다. 하지만 우리는 커가면서 깔끔하게 정리하며 살아야 한다는 생각에 세뇌된다. 솔직히 말해, 깔끔한 체하는 사람은 따분해서 아무도 좋아하지 않는다. 어지럽히며 사는 것은 너무 쉬운 일이라 이런 책을 쓴다는 것 자체가 사실 말이 안 된다. 더구나 다른 사람도 아닌 바로 내가 쓰게 될 줄은 상상도 하지 못했다.

이 책은 깔끔함에 관한 종교 수준의 맹신을 버리는 방법을 알려주고 당신의 생각을 바꿔줄 것이다. 너저분하게 살아야 삶의 모든 것이 제자리를 찾을 수 있다. 당신의 연구는 과학 잡지 《사이언티픽 아메리칸(Scientific American)》에 실릴 것이다. 당신이 기르는 화분은 더 이상 죽지 않을 것이고, 위스키 병에는 술이 마르지 않을 것이다. 대형 할인점의 포인트가 살사 소스 한 병이나 괜찮은 샴푸 한 통으로 바뀔 수 있을 만큼 차곡차곡 쌓일 것이다. 모성애에 관해 쓴 당신의 페이스북 게시물이 입소문이 나 널리 퍼질 것이다.

어떻게 이런 장담을 할 수 있느냐고? 나는 지난 몇십 년을 어지럽히며 살아왔다. 내 어머니나 대학 시절 룸메이트에게 물어보면 알 것이다. 룸메이트는 집안일 분담표에 적힌 내 이름을 형광펜으로 칠해놓거나, 내 방문에 '설거지!'라고 써 붙여놓는 등 은근한 방법으로 내 몫의 일을 강조하곤 했다. 그러나 그 뒤 몇십 초도 안 되어 결국 못 참고 자신이 직접 설거지를 해버리던 빡빡한 친구였다. 나는 친구들 집에 놀러 가면 나무로 된 탁자에 물방울이 송골송골 맺힌 맥주병을 그냥 올려두곤 했고, 지역과 나라를 막론하고 여러 곳의 다양한 탁자 위에 매니큐어를 쏟고 다녔다. 나는 보통 크기의 냉장고조차 안 들어가는 작은 집에, 바닷가에서 주워온 돌, 돼지저금통, 유명

27

정치인을 본뜬 보블헤드왜곡된 비율의 커다란 머리가 흔들거리는 작은 인형-옮긴이를 잔뜩 들여놓고도 친구들까지 초대하는 사람이다. 침대 밑에는 만화 캐릭터 장난감 상자가 널려 있고, 작은 조랑말 캐릭터 장난감도 무려 250개나 가지고 있다. *

이 사회는 나같이 사는 사람에게 죄책감을 심어주기 위해 노력하지만, 나는 전혀 죄책감을 느끼지 않는다. 나는 어지럽히며 사는 사람이고, 어지르는 데 꽤 소질이 있다. 이미 알고 있겠지만, 당신도 크게 다르지 않다. 당신이 더욱 잘 어지르며 더욱 화려한 삶을 살 수 있도록, 나는 이 책을 통해 물건 버리기 중독으로부터 당신을 자유롭게 해줄 것이다.

내가 근거도 없이 이러는 게 아니다.

* -

나는 외동이었기 때문에 원하는 장난감은 거의 다 가질 수 있었다. 하지만 혼자라 외로웠다. 그래서 플라스틱으로 된 조랑말 친구라도 필요했다.

수많은 사람이 기쁨에 가득 찬 경험담을 내게 이메일
로 보내주고 있다.

- "드디어 《무한한 흥미(Infinite Jest)》미국 작가 데이비드 포스터
  월러스(David Foster Wallace)의 책으로 천 페이지가 넘는다-옮긴이
  를 다 읽을 수 있었어요."

- "당신의 책을 읽고 나서부터 케일에서 쓴맛이 덜 나요."

- "신경 쓰지 않는 법을 알려줘서 정말 고마워요."

- "방금 200달러어치 화장품 쇼핑을 했어요."

- "제 비디오 설치 미술작품이 터너상(Turner Prize)테이트 브리
  튼이 해마다 수여하는 현대미술상-옮긴이을 수상했어요."

- "신발을 못 찾겠어요."

- "책에서 본 대로 생활하다 보니 치아가 더 하얘졌어요."

● "남편이 보모와 바람을 피우는 것 같아요."

경험담은 이밖에도 수도 없이 많다.

당신도 눈치챘을 것이다. 내 책을 읽은 독자는 모두 정말 행복하고 있다! 이제 물건을 쌓아놓고 사는 여정에 첫발을 들여놓을 시간이다. 망할 정리정돈 **따위**는 전혀 신경 쓰지 않겠다고 다짐하라. 그렇게 하기 전에는 결코 다음 단계로 넘어갈 수 없다. 말이 그렇다는 이야기다. 사실 정해진 방법은 없다.

다시는정리하 지않겠다고 **다짐** **하라**

1

"너저분한 책상이 너저분한 정신 상태를 보여준다면,

텅 빈 책상은 대체 무엇을 보여준단 말인가?"

– 알베르트 아인슈타인(Albert Einstein)

깔끔하게 사는 것은 따분하고 짜증 나는 일이라서 사실 아무도 원하지 않는다. 그래서 서점가에 정리 잘하는 법에 관한 책이 수백 권씩 쏟아져 나오는 것이다. 행복해지기를 기대하며 그런 책을 사지만, 전혀 효과도 없다. 어지럽히며 사는 법에 관한 책이 한 권도 없는 이유가 무엇인지 아는가? 말 그대로 전혀 노력할 필요가 없는 데다 우리 모두 그런 방면에는 전문가이기 때문이다. 우리가 잘하는 일을 해야 하는 게 당연한데도, 정리정돈과 미니멀리즘의 시대에 나 홀로 어지럽히며 살기란 쉽지 않다. 우리는 삶을 흘러가는 대로 살지 못하고 도리어 정리에 관한 스트레스를 받고 있다.

직접 구운 애플파이 사진은 SNS에 올리기 전 포토샵으로 맛있어 보이게 보정한다. 손톱에 바른 매니큐어는 벗겨

져 있다. 일상은 겨우겨우 헤쳐나가기도 버겁다. 아이들을 제시간에 학교에 데려다주려면 당신은 젖은 머리 말리기를 건너뛰어야 하며, 병원 가는 길에 드라이클리닝 맡긴 옷을 찾으려면 커피 마시기를 포기해야 한다. 병원에서는 불안을 억제하기 위해 항불안제를 한 움큼씩 처방받아 온다. 이런 일은 계속해서 반복된다.

이것은 책이지 웹엠디(WebMD)미국 건강·의료 정보 사이트 -옮긴이가 아니며, 당연히 실제 의학적 문제를 진단하거나 치료하지도 않는다. 약이 필요하다면 당연히 복용해야 한다. 아니면 와인을 마시거나. 문제는 낮은 수준의 불안감이나 죄책감이다. 그런 건 우리의 정신적 에너지를 끊임없이 좀먹을 뿐이다. 내가 거기서 벗어나는 방법을 알려주겠다.

술 한 병만 있으면 된다. 뚜껑을 열고, 잔에 따라서 마셔라. 그리고 다음과 같은 훈련을 해보자.

지금 거실을 유심히 살펴보라. 거실을 꾸미려고 마음

먹고 지난 몇 년간 머릿속에 만들어둔 리스트를 떠올려라. 페인트칠을 새로 해야 하는가? 1950년대에 제작된 빈티지 가구를 더 모으려고 했는가? 아이가 구석에 배변 실수를 해놓지는 않았는가? 벽에 걸려고 생각은 했지만 망치나 망치 대용으로 쓸 튼튼한 신발을 찾을 수가 없어서 어쩔 수 없이 버려뒀던, 명언이 인쇄된 액자가 있지는 않은가? 저녁 모임에서 조교수가 된 친구들과 마주치면 "사모아 섬의 쥐며느리를 통해 여성성을 연구한 건 정말 굉장한 성과야!"라는 정도의 빈말이라도 하기 위해 읽으려고 놔뒀던, 형편없는 주장이 담긴 책이 탁자에 널브러져 있지는 않은가? 전등갓에 먼지가 잔뜩 쌓여 있지는 않은가?

할머니의 십자수 작품

자유로워져라

방이 아름다운 풍경이라고 상상해보자. 읽지 않고 쌓아둔 잡지를 언덕이라고 생각하고, 이베이에 올려서 중고로 팔려고 했지만 아무리 해도 이상한 얼룩이 있는 것처럼 사진이 찍혀 내버려뒀던 부츠는 나무라고 생각해보자. 담요, 쿠션, 먹다 남은 과자 봉지가 놓여 있는 소파는 해변의 모래사장과 비치타월이라고 생각하자.

신경 쓰지도 말고, 죄책감이나 실패했다는 느낌도 잊어라. 따분하기만 한 정리정돈은 잊고 홀가분한 마음으로 너저분함을 음미해라. 숨을 깊게 내쉬며, 아니면 얕은 숨을 여러 번 나누어 내쉬며 부정적인 생각이 몸에서 빠져나가도록 하자. 더는 아무것도 신경 쓰이지 않을 때까지 호흡을 멈추지 마라. 이 방을 지금 상태 그대로 받아들여라. 책임감 따위는 과감하게 내려놓아라.

이제 그 리스트를 무시하려고 해보자. 솔직히 전혀 신경 쓰지 않고 있지 않은가? 당신이 거짓말 탐지기 조사를 받고 있다거나 잔뜩 취해 있을 때, 누군가 그 일이 신경 쓰이는지 묻는다면 뭐라고 답하겠는가? 사실은 신경 써야 한다고 생각만 하고 있거나, 아니면 누군가가 지저분한 거실을 볼 때 무슨 생각을 할지가 먼저 신경 쓰이는 것이다. 자, 이제 본격적으로 어질러보자.

넉 달 전 방 전체를 정리했을 때는 남아 있는 물건 하나하나가 당신을 설레게 한다고 확신했을 것이다. 그때는 정리한 물건 몇 상자를 자선 단체에 기부하며 삶이 조금 더 나아졌다고 생각했을 수도 있다. 새로운 사람이 된 것처럼 느껴졌을지도 모른다. 하지만 생각해보자. 지금 거실은 대청소하기 전과 달라진 것이 전혀 없지 않은가? 그러니 포기하고 받아들여라. 미안하지만 지금이 자연스러운 상태이다. 당신은 태어날 때부터 어지르기를 좋아했으니까.

더 많은 물건을 살수록 더 잘 어지럽힐 수 있다

'고양이 한 마리를 더 입양했으니 집에 있는 다른 물건을 더 신경 써서 정리해야겠다'라고 생각할 수도 있다. 하지만 사실은 정반대다. 말이 안 된다고 생각할 수도 있겠지만, 물건이 많으면 많을수록 사회적인 의무에서 자유로워진다(그 증거는 저장 강박을 다룬 장에서 찾을 수 있다). 최대한 다양한 수단으로 최대한 많이 소비할수록 온 세상이 당신에게 고마워할 것이다.

다음은 내가 최근에 산 다섯 가지 물건이다.

1. 제인 크레이머(Jane Kramer)가 쓴 《외로운 애국자(Lone Patriot)》. 뉴월드오더(New World Order)단일정부를 구성하기 위해 은밀하게 활동하는 엘리트들의 비밀결사단체로 알려져 있음 – 옮긴이가 자신의 삶을 위협한다고 생각해 미국 정부를 전복

하려고 시도하는 민병대원들의 이야기를 쓴 책이다. 스포일러 주의: 그들은 성공하지 못했다.

2. 독서등. 내가 새벽 4시까지 천 페이지가 넘는 《외로운 애국자》를 읽느라 머리맡에 전등 불빛을 켜놓으면 남편이 무척 싫어했다.

3. 공기청정기. 뉴욕은 길거리의 소변 냄새, 유행을 좇는 사람들의 허세가 늘 공기 중에 떠다니기 때문에 공기청정기가 꼭 필요하다.

4. 노트북 가방. 회색과 주황색이 잘 어울린다!

5. 빌어먹을 딥티크(diptyque)프랑스 고급 향수·향초 브랜드-옮긴이 향초. 나는 성인이고, 무려 60달러나 하는 프랑스산 향초를 사고 싶어도 얼마든지 남 눈치 보지 않고 살 수 있다. 보기에도 좋고 향도 좋다. 하지만 사용하지는 않을 것이다. 켜놓는 순간부터 한 시간에 10달러씩 쓰는 셈이니까. 진한 향 때

문에 머리만 아픈 데다 다 태우고 난 유리병에는 화장 도구와

성냥개비 따위만 꽂아놓게 될 텐데 아깝지 않은가?

　가장 좋았던 것은 이런 물건을 집에 들여놓을 적당한

자리가 전혀 없었다는 점이다! 어떤가, 교훈이 느껴지는

가? 그럴 줄 알았다. 이제 당신 차례다. 이 책 뒷부분에 적

어놓은 '더 많은 물건을 살 수 있는 곳' 리스트를 참고해

라. 늘어놓을 자리도 없이 더 많은 물건을 사 모으며 더

많이 어지를 수 있게 도와줄 만한 훌륭한 장소를 몇 군데

적어두었다.

당신의 정리정돈 수준은?

1. 장기 여행을 마치고 집에 돌아와서 가장 먼저 하는 일은?

A. 짐을 풀고 단정하게 말아둔 옷을 여행 가방에서 꺼내 옷
   장에 넣은 뒤 손을 열한 번쯤 씻은 다음 편안한 재즈 음
   악을 들으며 향이 좋은 녹차를 마신다.

B. 편한 바지로 갈아입고 피자를 시켜 새벽 6시까지 미드를
   본다. 피자 먹을 때는 일회용 종이 접시를 쓴다. 어른으
   로 사는 것은 멋진 일이다.

C. 고양이 밥을 준다.

2. 화장실의 비누와 샴푸 상태는?

A. 매번 사용하고 나면 깨끗이 닦아서 말린 뒤 눈에 보이지
않도록 수납장에 넣어둔다.

B. 언제나 쓸 수 있도록 뚜껑을 열어놓은 채 욕조 구석에 물
때가 끼도록 놔둔다.

C. 없다. 비누나 샴푸는 쓰지 않는다. 화학제품을 전혀 쓰지
않고 자연 친화적으로 씻는 노푸(no-poo) 운동에 푹 빠져
있다. 화학 성분은 고양이에게 해가 된다.

3. 옷장을 열었을 때 무엇이 보이는가?

A. 성수(聖水)로 축복받은 옷들. 왼쪽은 천이 두껍고 색이
짙은 옷, 오른쪽은 천이 얇고 색이 옅은 옷으로 나눠 종류
별로 정리해두었다. 입을 옷이 많아서 얼마나 좋은지 모
른다!

B. 빨아놓은 옷은 옷걸이에, 입었던 옷은 옷장 바닥에 있다.
신발은 보통 쌓여 있는 옷더미 아래에서 찾는다.

C. 고양이.

·대부분 A라면: 당신에게는 문제가 있다. 긴장을 푸는 방법을 배우려면 이 책을 계속 읽어라.

·대부분 B라면: 멋진 삶이다. 축하한다. 마지막으로 눈을 감을 때 "괜찮은 삶이었어"라고 말할 수 있을 것이다.

·대부분 C라면: 동물을, 더 정확하게는 고양이를 좋아하는 것 같다.

아무것도 버리지 말자

이제 잡동사니 쌓아놓기 전략의 실행 계획을 자세하게 이야기해보려고 한다. 콘텐츠 마케팅을 하거나 홍보회사를 위한 백서를 만든다면, "모든 경로를 통해 이런 전략을 사용함으로써, 성장 기회는 놀라운 속도로 늘어납니다" 따위의 표현을 쓸 것이다. 하지만 그냥 "집에는 늘 술을 사놓아라"라든가 "옷과 대화하지 마라" 정도가 평범하게 사는 데 유용한 전략이다.

나중에 후회하지 않으려면 아무것도 버리지 않는 것이 비결이다. 내 친구는 어머니가 돌아가신 뒤 옷가지를 정리해 모두 기부했는데, 20년이 지난 지금 뼈저리게 후회하고 있다. 만약 지금까지 녹색 바지 정장을 가지고 있었다면 얼마나 좋을까? 그런 물건을 물려줘야 아이들이 핼러윈 파티를 할 때 그 옷을 입고 옛날 유행은 정말 촌스러웠다고 비웃기라도 할 것 아닌가. 그러면서 당신 어머니에 관한 소중한 기억을 망칠 테고. 왜냐고? 아이들이란 원래 전부 개구쟁이에다 나쁜 놈들이니까.

그래도 잘 모르겠다고? 버리지 마라. 가지고 있어도 기쁘지 않다고? 유감이다. 당첨된 로또라면 모르지만, 바보 같은 옷 한 벌일 뿐인데 기쁠 리 없다. 말이 된다고? 그러면 계속 읽어라.

술은 있는 대로 모아라. 절대 상하지 않는다.

술 진열장을 충분히 채워두는 일은 여러 가지 이유로 중요하다.

1. 정리 충동이 생길 때 보드카를 샷으로 마시거나 와인 한 병을 마시면 일의 우선순위를 기억하거나 혹은 잊을 수 있다.

2. 허세 부리기 좋아하는 친구의 남자친구가 크리스마스에 위스키에 관한 책을 선물하며 혹시 일본산 위스키가 있느냐고

물으면, "어느 현(縣)에서 생산된 위스키를 좋아하느냐"라고
되물을 수 있다.

3. 평범한 성인이라면 당연히 해야 하는 일이다.

　알코올 중독 치료를 받고 있거나, 모르몬교 신자이거
나, 혹은 간 질환을 앓고 있지 않은 이상, 집에는 늘 술을
사놓아야 한다. 지인의 집에 브런치 초대를 받아 간 적이
있는데, 샐러드와 녹차가 나오자 밥맛이 뚝 떨어졌다. 샐
러드가 브런치 메뉴라고는 할 수 없지만, 그래도 거기까
지는 참을 수 있었다. 설상가상으로 커피조차 주지 않다
니 잔인했다. 적어도 누군가를 초대하면 냉동실에 두었던
보드카 한 병이나 지난 파티 때 마시다 남은 정체 모를 흑
맥주 정도는 내놓아야 손님에게 욕을 먹지 않을 수 있다.
아직 대학생이라면 맥주 한 상자 정도로 충분하다. 사람
들이 걸려 넘어질 만한 곳에 상자를 놓아두면 더 좋다.

빈 가방을 많이 모아두어라.

물건을 보관할 때 비닐봉지만큼 좋은 것이 없다. 비어 있거나 물건이 들어 있거나 상관없이 가능한 한 많이 모아놓아야 한다. 에코백도 굉장히 유용하다. 몇십 개쯤 가지고 있어도 절대 많은 편이 아니다. 나는 후버 댐 (Hoover Dam), 터키의 출판 에이전시, 나이아가라 폭포 등에서 받은 에코백, 수박과 거위 등이 그려진 에코백도 가지고 있다.

어떤 이유로 어느 자리에 가든 늘 에코백을 받아오게 될 것이다. 의학 콘퍼런스? 에코백을 준다. 결혼식? 에코 백을 준다. 캐나다에 입국한 시리아 난민에게는? 빨간 단풍잎이 그려진 에코백을 준다. 나는 치아 교정을 받으러 갔을 때도 치과에서 에코백과 티셔츠를 받았다. 티셔츠는 받은 에코백에 넣어두었다. 세탁물 가방이나 바구니도 물론 늘 가득 차 있어야 한다.

종이로 된 추억거리는 영원히 간직해라.

예전에 내 상사는 우편물을 열어서 보고 나면 잘게 찢어 재활용 쓰레기로 버리는 데 집착했다. 요금 고지서, 감성적인 편지, 배심원 출석 통지서까지 종류를 가리지 않았다. 정말 중요한 문제라면 보낸 사람이 이메일로 연락하거나 편지를 또 보낼 거라는 이유에서였다.

언뜻 일리 있는 행동처럼 보이지만, 생각해보면 이렇게 사는 것은 소름 끼치게 무섭다. 종이는 차곡차곡 모아 평생 쌓아놓으라고 있는 것이다. 그래서 나는 아직도 고등학교 시절 남자친구가 그려준 용 그림도 전부 가지고 있고, 미시간 주에 살 때 사귀던 남자친구와 쉬는 날 치러 갔던 미니 골프 기록표도 가지고 있다.

더 넓게 보면 쇼핑몰에 갔다가 사진 부스에서 찍은 오래된 즉석 사진, 어색한 친목 모임에서 받은 명함, 10년간 모은 전기요금 고지서, 약혼식 초대장, 조문 카드도 마찬가지다.

더 많은 물건을 들이기 위해 쌓아놓기

에릭 에이브러햄슨(Eric Abrahamson)과 데이비드 프리드먼(David H. Freedman)은 《완벽한 무질서(A Perfect Mess)》에서 이렇게 썼다. "어지럽게 쌓여 있는 물건에도 나름의 시간 순서가 있다. 사람들은 몇 주 혹은 몇 달 전에 놓아둔 물건을 찾으려면 몇 센티미터 아래를 뒤져야 하는지 알고 있으며, 이런 식으로 물건을 쉽게 찾을 수 있다."

굳이 책을 인용하지 않아도 나는 어지럽게 쌓여 있는

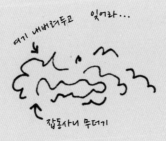

여기 내버려두고   잊어라...

잡동사니 무더기

물건이 아주 과학적이라는 사실을 잘 알고 있다. 가장 좋아하는 스웨터를 찾을 때마다 옷장에서 유적을 발굴하는 느낌이다. 공룡에 관심을 쏟다가 고고학자를 꿈꿨던 시절이 누구에게나 있을 것이다. 따라서 물건을 무더기로 쌓아놓는 일은 어린 시절의 꿈을 이루는 것이나 마찬가지다.

언젠가 인터넷이 사라질 것을 대비해 프린트해두었던 이메일 역시 모아둬야 한다.

2012년 부모님이 주택에서 아파트로 이사할 때, 우리 형제들은 아버지 서재에서 1995년부터 발간된 전화번호부를 잔뜩 찾아냈다. 종이를 모으려면 이렇게 해야 한다. 있는 대로 전부 모아두고 죽은 뒤 자식더러 해결하도록 놔둬라. 자식들이 정리한답시고 그 종이뭉치를 다 태워버리지 않기만을 바랄 뿐이다.

심각하게 생각하지 마라. 물건은 감정이 없다.

양말은 자신을 뭉쳐서 서랍에 처박았다고 슬퍼하지 않는다. 스웨터 역시 우리가 바닥에 내버려뒀다고 우울해하지 않는다. 그날의 수고에 감사를 표시하지 않았다고 해서 가슴 아파하는 가방도 없다. 만약 물건이 감정을 느낀다면, 신발은 늘 밟힌다며 기분 나빠할 테고 청바지는 "제발 날 깔고 앉지 마" 혹은 "빌어먹을! 가끔은 좀 빨

51

감정을 느끼는 티셔츠?
그런 건 없다!

고 나서 입어줄래?"라고 말할 것이다.

안 그래도 우리는 이상기후나, 고양이를 두고 출근해
야 하는 상황 등으로 매일 충분히 죄책감을 느끼며 산다.
그런데도 지구온난화에 별로 신경 쓰지 않으며, 출근도
꼬박꼬박 한다. "옷에도 감정이 있다"라는 황당한 주장
따위는 잊자. 정말 이상한 논리라는 것을 우리도 잘 알고
있다. 그런 생각은 그만해라.

가능한 한 모든 것을 물려받아라.

자유의지로 얻을 수 있는 물건은 한정되어 있으므로 물려받는 일은 중요하다. 잡동사니를 한꺼번에 얻을 수 있으니 로또에 당첨되는 행운이나 마찬가지인 데다 전혀 스트레스나 부담이 되지도 않는다. 다만 계획은 미리 세워두어야 한다.

자산관리 회사에 다녔던 친구가 있다. 그 친구는 고객이 사망하면 갑자기 가족이 수상한 속셈을 가지고 수없이 전화를 걸어와 자신들이 재산을 어느 정도 물려받는지, 누이가 정말 스키 별장을 받게 되었는지 등을 확인한다고 말했다. 이런 재수 없는 욕심쟁이들에게는 애초부터 가망이 없었다고 봐도 된다. 뭐라도 물려받을 생각이 있으면 노력을 하고, 적어도 몇 년 전부터는 터를 닦아놓았어야 한다.

세상 최고의 딸이나 아들, 형제자매가 되어라. 아버지의 똥 기저귀를 갈거나 아픈 고모를 병원에 모시고 가는

칸이 서린 황동 제품

할머니의 촛대

것이 싫다고? 눈이 침침하신 할머니를 위해 니콜라스 스파크스(Nicholas Sparks)로맨스 소설 작가. 영화 〈노트북〉 원작자로 잘 알려져 있다-옮긴이의 최신작을 읽어드리는 게 귀찮다고? 그럼 상속받을 생각 따위는 잊어라. 그 대신 늘 갖고 싶다고 말했던 할머니의 황동 촛대를 여동생이 물려받았다는 사실을 나중에 알게 되어도 결코 불만을 품어서는 안 된다.

2

쌓여있는 잡동사니를탓하지마라

"사람들은 선반에 있는 커피 머그잔에 단순한 컵 이상의 의미를 두지 않는다. 그러나 정리정돈하는 데 심각한 문제가 있는 사람들은 '옐로스톤(Yellowstone) 국립공원에서 산 기념품'이나 '할머니께 받은 소중한 선물' 같은 식으로 물건 하나하나에 특별한 의미를 부여한다."

– 공인(公認) 정리 코치®★

★ -

'수납 상자와 선반으로도 해결되지 않는 심각한 잡동사니(A Clutter Too Deep for Mere Bins and Shelves)'에서 발췌. 〈뉴욕타임스(New York Times)〉, 2008년 1월 1일.

망했다! 정리정돈하는 데 심각한 문제가 있는 사람들이
자신의 물건에 감정적인 가치를 부여한다니! 할머니에게 받은
소중한 선물에도 의미를 부여하지 않는다는, 심신이 매우
안정된 반(反)사회적 인격장애자들을 한번 만나보고 싶다.

잡동사니가 삶에 부정적인 영향을 미친다는 헛소리가 많
이 돌아다닌다. 우리의 소비 행태가 지나쳐 통제할 수 없
는 상태가 되었으며, 그래서 뚱뚱하고 비참해진다는 이
야기다. 우리는 늘 이런 이야기를 듣는다.

캘리포니아 대학교 로스앤젤레스 캠퍼스에서는 로스
앤젤레스에 거주하는 서른두 가족과 그들이 소유물을 대
하는 방식을 조사해 '21세기 가정생활(Life at Home in
the Twenty-First Century)'이라는 연구 결과를 발표했다.

연구에 따르면 여성이 소유물을 다룰 때마다 스트레스 강도가 높아졌다.

생각해보라. 자신이 소유한 물건을 만지는 것만으로도 스트레스를 받는 것이다. 연구 결과를 말 그대로 풀이하자면, 가진 물건을 전부 태워버리고 알래스카로 떠나 결국 버려진 버스 안에서 죽은 채 발견된 크리스 매캔들리스(Chris McCandless)처럼 살지 않으면 안 된다는 이야기다.

아래는 많은 기사에서 잡동사니에 대해 말하고 있는 더욱 실질적인 예시이다. 읽다 보면, 대학 사교클럽 남학생들이 미친 듯이 서로 보드카를 들이붓는 모습을 방영하는 지역 TV 프로그램을 볼 때 같은 불편함이 느껴질 것이다.

● 잡동사니는 병균을 옮긴다. (식료품 저장실에 적절한 수납 시스템을 갖춰놓지 않았기 때문에 당신 가족들은 잡동사니로

인한 좀비 바이러스에 감염되어 죽을 것이다.)

- 2장 처음에 인용했던 〈뉴욕타임스〉 기사에서 어떤 의사는 "운동화를 찾을 수 없다면 산책하러 나가서는 안 된다"라고 강력하게 주장했다. (신발도 못 찾는 당신 같은 멍청이는 아무 데도 갈 수 없어 건강에 문제가 생길 것이다.)

- 게다가 잡동사니 때문에 농구공을 찾을 수 없어 당신은 아들과 같이 농구를 하지도 못할 것이다. (아들은 어차피 당신도 모르는 사이에 사사건건 반항하는 사춘기 청소년이 될 테니 미리 걱정하지 마라.)

- 정리를 잘하는 방법을 터득하기 위해 인지 행동 치료를 받아야 할 수도 있다. (당신은 엉망으로 살고 있으므로 전문가의 도움이 필요하다.)

- 이미 갖고 있는 물건도 찾을 수 없어서 같은 물건을 또 사게된다. (먼지 제거용 테이프 클리너를 두 개나 산다면 파산하

59

게 될 것이다.)

● 마지막으로, 잡동사니는 당신을 뚱뚱하게 만든다. (정리는
당신을 날씬하게 만든다.)

이런 기사들은 정리정돈에 관해 꼭 사서 읽어보아야
할 책(앞에서 읽었던 '자기계발서는 죄다 헛소리다'를 참
고해라), 혹은 전문적인 정리 서비스, 심리치료사, 다이어
트 전문가 등도 추천한다. 어떤 여성은 차고 전체가 '단단
하게 뭉쳐 있는 잡동사니 덩어리'였는데, 차고에 있는 물
건을 전부 버리고 정리한 뒤 몸무게가 20킬로그램이나
빠졌다고 한다.

물론 그러셨겠지. 그러나 생각해보라. 집을 정리한다
고 해서 몸무게가 엄청나게 빠지는 기적은 결코 일어나
지 않는다. 정리가 잘된 상태를 한동안 잘 유지할 수 있을
뿐이다. 그러고 나서 곧 다시 지저분해지겠지. 그게 바로
진짜 과학이다.

수납 시스템의 음모

당신이 깔끔하게 살기를 원하는 사람은 누구일까? 컨테이너 스토어(The Container Store)^{수납·정리 용품 전문 소매점} -옮긴이의 직원, 크레이트 앤드 배럴(Crate and Barrel)^{주방 용품, 가구, 소품 등을 파는 체인점-옮긴이}의 CEO, 빈스 빈스 빈스(BINS BINS BINS)^{쓰레기 처리·운반 전문 회사-옮긴이}의 회계 담당자다.

왜일까? 정리정돈은 그 자체로 큰 사업이기 때문이다. '정리정돈 카르텔'이라고도 할 수 있는 사람들은 당신이 너저분하게 산다는 사실을 스스로 부끄럽게 여기길 원한다. 그리고 자본주의 덕분에, 더 많은 수납용품을 사는 일이 그런 수치심을 극복할 수 있는 유일한 방법이 되었다.

더 좋은 사람이 되고 싶은가? 더 체계적으로 살고 싶다고? 어떻게 하면 될까? 이것저것 사면 된다! 플라스틱 수납함, 등나무로 된 수납함, 천 소재 수납함, 서랍 정리 칸막이. 이런 물건은 잡동사니가 아니라 정리하는 데 필요한 물건이며, 하나를 산다고 해서 끝나는 것도 아니다. 수납 시스템을 갖춰야 한다. 어떤 식인지 이해가 되는가? 수납함 몇 개로는 당신의 정리 문제가 해결되지 않는다. 이제 다시 침실, 서재, 식료품 저장실에 맞는 수납 시스템 전체를 구매해야 한다…….

아래는 우리가 상점에서 실제로 살 수 있는 물건 목록이다.

- 크리스털로 된 화장품 정리 서랍

- 고급 신발 정리함

● 뚜껑 달린 수납 상자

수백 달러어치 수납용품 쇼핑을 해도 신용카드 빚만
더 늘어날 뿐, 여전히 집에는 물건이 여기저기 널려 있을
것이다. 왜 그럴까? 어지르기는 억제되지 않는다. 어지르
는 데는 자유가 필요하다. 그 사실을 받아들여라. 수납용
품 살 돈을 아껴서 차를 몰고 내슈빌(Nashville)이나 세계
에서 가장 큰 5센트 동전이 있는 곳(서드베리캐나다 온타리
오 주 남동부의 도시-옮긴이에 있다)으로 여행을 가거나, 사우
스비치미국 플로리다 주 마이애미의 관광지-옮긴이나 에드먼턴캐
나다 앨버타 주의 주도-옮긴이으로 가는 비행기 표를 사라. 보
정속옷도 좋고 와인 클럽 가입 자격도 좋다. 옷장 정리 용
품과 마찬가지로 쓸모없지만 그래도 훨씬 흥미로운 것들
을 구매해라. 뒤로 한 걸음 물러나서 이 정리 광풍을 냉정
하게 바라봐라.

작은 비밀 하나를 알려주겠다. 물건은 아무 데나 늘어

놓아도 된다. 반드시 기업이 만들어낸 수납 상자 안에 넣어야 한다는 법은 없다. 지금까지 주변에 충분히 관심을 기울여왔다면, 당신의 물건을 딱히 정해진 곳에 두지 않아도 된다는 사실을 이미 깨달았을 것이다.

그래도 산더미같이 쌓인 잡동사니를 굳이 일정한 공간 안에 넣어야겠다면, 세탁물 바구니를 추천한다. 뚜껑 없는 이 보물은 견고하고 공기도 잘 통하며 들어서 옮기기도 쉽다. 잡동사니를 이곳에서 저곳으로 쉽게 옮기기에도, 그냥 그 자리에 내버려두기에도 좋다. 무엇을 하든 딱 알맞다.

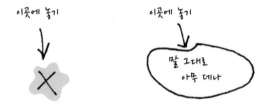

이곳에 놓기

이곳에 놓기

말 그대로 아무 데나

당신에게 수납 시스템이 필요할까

1. 여윳돈이 많은가?
2. 이탈리아 여행을 가본 적이 있는가?

두 가지 질문 가운데 하나라도 '아니요'라고 답했다면 당신에게는 수납 시스템이 필요 없다.

만약 여윳돈은 많은데 이탈리아 여행을 가본 적이 없다면, 당장 떠나라. 이탈리아는 정말 멋진 나라이다. 물론 베네치아는 물가가 비싸고 아말피(Amalfi) 해변은 관광객으로 북적인다. 그래도 이탈리아는 아름다운 나라이고 와인도 저렴한 데다 당장 죽더라도 피렌체에서 찍은 치즈 덩어리 사진만큼은 인스타그램에 남길 수 있다. 게다가 나이가 들면 장거리 비행이 힘들어진다. 좁은 의자에 그렇게 오래 앉아 있는 건 사람이 할 짓이 못 된다. 시간이 있고 무릎도 멀쩡한 지금 떠나라.

여윳돈이 없지만 이탈리아 여행은 가본 적 있다면, 축하한다. 그러나 더 생각할 것도 없이 당신은 수납 시스템을 갖출 여력이 없을 것이다.

여윳돈도 있는 데다 이탈리아 여행도 이미 다녀왔다면, 상위 1퍼센트에 든 것을 축하한다. 그런데 아마 집에 청소 도우미도 두고 살 텐데, 왜 이런 퀴즈를 읽고 있는 건가?

현실 직시하기: 부부생활이 뜸한 것은
집이 지저분해서가 아니다

아이를 갖는다고 해서 배우자와 당신 사이의 어긋난 관계가 갑자기 좋아지지는 않는다. 집을 치운다고 해서 갑자기 더 자주, 더 많이 애정 표현을 할 수 있는 것도 아니다. "파트너와 사랑을 나눈 지 1년이 훨씬 넘었다고요? 옷장을 정리하고 기다려보세요!" "티셔츠를 단정하게 접어 서랍에 정리해두면 부부관계가 훨씬 좋아질 거예요." 이렇게 말하는 책은 거짓말을 하고 있는 것이다.

부부생활에 관한 조언을 얻으려고 이 책을 샀다면, 미안하지만 내가 말해줄 해법은 한 가지뿐이다. 노력해라. 부부생활이 원만하지 못한 이유는 집이 지저분해서가 아니다. 오히려 집이 아직 덜 지저분해서일지도 모른다.

당장 시각화 훈련 하나를 해보자. 금슬이 좋다고 소문난 친구나 연예인, 혹은 정치인을 떠올려봐라. 그리고 지

금 그 사람들 집이 깨끗한지도 생각해봐라. 어떤가? 연관성 따위는 전혀 안 느껴지지 않는가? 그러니 기운 내고 기회를 만들어라. 약간의 술도 도움이 될 것이다.

엉망인 부부생활을 개선해줄 방법은 몇 가지 더 있다. 개, 고양이, 아이들이 침대 위에서 잔다고? 바닥에서 사랑을 나누면 된다. 더 야한 속옷이 필요하다고? 팬티 몇 장을 골라 가랑이 부분을 찢어라. 제모해야 한다고? 까짓것 빨리 해치워라. (사실 요즘은 제모하지 않고 놔두는 게 다시 유행이기는 하다. 자연스러운 상태로 사랑하는 사람과 사랑을 나누는 것도 좋다.) 당신의 부부생활에 도움을 줄 수 있는 책은 정리법을 다룬 자기계발서가 아니다. V. C. 앤드루스(V. C. Andrews)현대 고딕 로맨스 장르로 유명한 미국 베스트셀러 작가-옮긴이의 소설이라면 도움이 될지 몰라도. 물론 찢어진 페이지가 없다는 전제하에.

우리가사
는집을
다
양한 방
식 으
로 어지 *3*
럽히
자

"집은 그저 뚜껑을 덮어놓은 잡동사니 무더기이다. 밖에
나가서 더 많은 물건을 살 동안 우리의 잡동사니를
보관해놓는 곳. 그곳이 바로 집이다."

- 조지 칼린(George Carlin)

옷장 안은 엉망진창이 되어도 괜찮다고 생각하면서 지저분한 책상은 못 견뎌 미칠 것 같다면, 당신은 너저분함을 누릴 자격이 없다. 잡동사니를 늘어놓는 방식에 좀 더 포괄적으로 접근해야 한다. 어지럽혀진 상태를 인정하고, 더 많은 물건을 사서 당당하게 늘어놓아라.

서재: 책상이 어지러울수록 창의력은 높아진다

당신이 나 같은 사람이라면, 책상은 성스러운 장소일 것이다. 책상은 일하는 곳이기도, 일하기를 미루는 곳이기도 하다. 직업에 따라 다르겠지만, 현대인의 책상이라면 노트북, 커피 머그잔, 컵 받침 등이 놓여 있을 것이다. 휴대전화도 있을 것이고, 메모지, 펜 몇 자루, 그리고 작고 세련된 탁상용 전등도 하나쯤 있을 것이다. 어둠 속에서 일할 수는 없으니까. 쉴 때 감상할 만한 예쁜 실내용 화초나 다육식물 화분 한두 개, 참고 서적 몇 권, 인터넷으로 납부하려고 놔둔 오래된 고지서, 라스베이거스에서 기념품으로 사 온 특이한 모양의 스노글로브(snowglobe) 따위도 있을 수 있다. 시간 나면 읽을《런던 리뷰 오브 북스(London Review of Books)》서평을 위주로 발행하는 영국 문예잡지 - 옮긴이와《어스 위클리(Us Weekly)》미국 연예·가십 주간지 - 옮긴이 최신호도 놓여 있을지 모른다. ★

앤드루 오헤이건(Andrew O'Hagan)스코틀랜드 소설가겸 저널리스트 - 옮긴이의 책과 리얼리티쇼〈밴더펌프 룰즈

★ -

맨해튼에 있는 술집에서 그 당시〈어스 위클리〉편집장을 만난 적이 있었다. 나는 불룩 튀어나온 비욘세의 배가 진짜 임신 때문인지를 계속해서 물었다. 우리는 최종 결론을 내리지는 못했지만, 나는 분명히 진짜가 아니라고 생각했다.(2011년 비욘세의 임신 당시, 임신이 가짜이며 불러온 배 역시 가짜라는 소문이 많았다 - 옮긴이.)

지저분한 책상

《Vanderpump Rules》)는 정말 흥미롭지 않은가? 동네 대형 할인점 수납 코너에서 산 정리 상자와 바구니에는 서류, 사진, 전자기기 케이블, 보라색 스테이플러, 건전지 등으로 가득할 테고, 어제 마신 커피 자국이 말라붙어 있는 머그잔도 보일 것이다. 그렇다. 당신의 책상은 한마디로 빌어먹게 더럽다.

책상 위가 이렇게 더러웠던 사람이 또 누가 있을까? 아인슈타인이다. 그는 쿠키를 커다란 상자째 책상 위에 쌓아두었다고 한다. 반면 책상 위가 깔끔했던 사람은? 무솔리니이다. 과학적 연구 결과 지저분한 책상의 이점이

아이디어 & 머리스타일

아인슈타인

밝혀졌으니 아인슈타인은 괴짜가 아니었던 셈이다.

우리와 학교를 같이 다녔지만 지금은 우리보다 더 많은 돈을 벌고 있는 전문가들에 따르면, 어지러운 책상은 실제로 창의성에 도움을 준다고 한다. 미네소타 대학교 (16쪽 참고)와 노스웨스턴 대학교 연구원들은 서로 비슷한 연구 결과를 내놓았다.

탁구공을 독창적으로 사용해보라는 과제를 받았을 때 깨끗한 방에 있던 실험 대상자들은 상대적으로 틀에 박힌 방식으로 사고했다. (맞다, 비어퐁미국 대학생들이 주로 하는 술자리 게임으로, 맥주잔에 탁구공을 던져 넣는다-옮긴이을 했다.) 그렇다면 지저분한 방에 있던 실험 대상자들은 어땠

을까? 그들은 탁구공을 훨씬 특이한 방식으로 사용했다. (특히 암스테르담에서 섹스 쇼를 본 적 있는 사람들이 그랬다.)

지저분한 환경에서 생활하는 당신은 끝내주게 흥미로운 사람이다. 머리가 비상하게 돌아가고 독창적인 발상을 하며, 판에 박힌 생각에 얽매일 가능성이 더 적다는 이야기다. 하루는 미용사와 함께 눈보라가 곧 몰아치겠다는 이야기를 하는데, 그가 "정말 궁금하지 않아요?" 하고 되물었다. 무슨 말인지 물어보니 미용사는 "누가 날씨를 조작하는지 궁금하잖아요"라고 답했다. 그 미용사는 정부가 날씨를 통제한다고 믿고 있었다. 플로리다 출신이니 그런 생각을 할 수도 있겠구나 싶기는 했다. 그러나 장

완전히 창의적인 뇌

담하는데, 그 미용사의 책상은 아마 지독하게 지저분할 것이다.

마음의 평화를 위해 정리를 해야 한다고 말하는 책은 한마디로 당신을 더 지루한 사람으로 만들어버린다. 깔끔하게 살면 삶이 재미없어진다. 뻔한 베이지색으로 칠해진 집에서 지루함이 뚝뚝 묻어나는 천장, 바닥, 벽에 에워싸인 채, 평범한 삶을 살다가 서서히 죽어갈 것이다.

거기서 벗어나기는 쉽다. 더구나 당신의 책상이 이미 지저분하다면 훨씬 더 수월할 것이다. 당신은 아마 머지않아 또 하나의 SCUM 선언서발레리 솔라니스(Valerie Solanas)가 1967년 미국에서 발표한 급진적 여성주의 선언서 - 옮긴이를 발표하거나 외로움을 치료해줄 애플리케이션을 발명하게 될지도 모른다.

지저분한 책상으로 세상에 저항하고, 독특한 일을 시도해라. 집에서 키우는 잉어에게 고프로(GoPro)미국의 웨어러블 · 액션 카메라 제조기업 - 옮긴이의 액션캠을 달아줘라.

부탄(세계에서 첫 번째로 비닐봉지 사용을 금지한 나라이다. 관심 있을 법한 사람을 만나면 말해줘라)에서 가져온 허브 꽃차를 우려서 음미해라. 책상이나 팔뚝에 애인의 이름을 새겨 넣어라. 앤 섹스턴(Anne Sexton)고백시로 유명한 미국 여류 시인 -옮긴이, 샬럿 퍼킨스 길먼(Charlotte Perkins Gilman)19세기 미국 여권주의 작가 -옮긴이, 마크 저커버그(Mark Zuckerberg), 스티브 잡스(Steve Jobs)는 사회에 크게 공헌했으며, 책상이 지독하게 지저분했던 사람들이다. 병적인 정리 유행을 따르지 않았던 훌륭한 사람들의 명단에 당신 이름도 올려라. 젠장, 인터넷에서 찾은 정보에 따르면 실비아 플라스(Sylvia Plath)20세기 미국의 대표적 여성 시인 -옮긴이는 타자기를 들고 나가 밖에서 글을 썼다고 한다. 책상은 아예 갖다 버리고 개미가 바쁘게 돌아다니는 들판에 나가서 영감을 얻어라.

화장실: 실내에 수도 시설이 있다는 특권을 누려라

화장실로 가보자. 아스토리아 미국 뉴욕 주 뉴욕 시 퀸스에 있는 지역-옮긴이에 있는 월세방의 형편없는 화장실이든 머스코카캐나다 온타리오 주에 있는 도시-옮긴이에 있는 고급 별장의 화장실이든 어느 정도는 지저분할 것이다. 거울에는 군데군데 얼룩이 져 있고 핸드타월에는 마스카라가 묻어 있을 수 있다. 그리고 자외선 차단 지수 45짜리 선크림은 아침에 썼던 그대로 세면대 위에 놓여 있을 것이다. 어젯밤 벗어놓은 바지와 신발도 바닥에 굴러다닌다. 머리끈은 언제든 쓸 수 있도록 네댓 개가 여기저기 놓여 있다. 등나무로 된 수납함에는 당신을 멋지게 꾸미는 데 필요한 갖가지 제품이 넘치기 일보 직전일 것이다. 한국산 화장품이 본격적으로 시장에 소개되면서 많은 사람들이 시트 마스크, 에센스, 세럼, 달팽이 진액 화장품 등을 잔뜩 샀다. 아마 당신도 마찬가지일 테니 그 정도도 무리는 아니다.

'정리정돈 클럽'에서는 무엇이든 사용하고 나면 치워야 한다고 말한다. 만약 내가 그렇게 산다면, 나는 아무것도 찾을 수 없어 결국 더 많은 물건을 사게 될 것이다. 물론 그것도 나쁘지만은 않겠지만.

사실 중국의 한 공장에서 만들어진 똑같은 화장품인데 포장만 달리해서 파는 것일 수도 있다. 하지만 거기까지는 우리가 고민할 문제가 아니다. 어쨌든 모든 화장품을 눈에 보이는 곳에 늘어놓아라. 만약 당신이 오직 립밤, 바셀린, 비누만 가지고 피부 관리를 하는 사람이라면, 축하한다. 그래도 화장실은 여전히 지저분할 것이다.

게다가 화장실이 깨끗하지 않다고 해서 당신을 욕할 사람이 있을까? 당신이 사랑하는 사람이나 가족 말고는 화장실을 들여다볼 사람도 없다(가끔 배관공을 들이게 될 수는 있겠다). 빌어먹을, 그냥 화장실을 가지고 있다는 사실에만 감사하면 된다. 100년 전이었다면 아마 밖에서 대변을 보고 치울 생각에 늘 걱정하며 살았을 것이다.

150만 명이 넘는 미국인을 포함해 전 세계 26억 명이 넘는 사람이 실내에 수도 시설조차 갖추지 못하고 산다. 좀 지저분하거나 실내장식이 썩 마음에 들지 않더라도, 실내에 수도 시설이 있다는 사실은 감사한 일이다. 내 아버지는 전후(戰後) 영국에서 자라셨는데, 그때는 꼭 빅토리아 시대에 사는 것처럼 구리로 된 오래된 목욕통을 거실에 두고 목욕을 하셨다고 한다. 그게 겨우 한 세대 전의 일이다.

SNS에서 눈여겨봐둔 화장실을 왜 절대 가질 수 없는지 한탄하며 눈물짓는 일은 그만둬라. 삼나무 의자와 대리석 싱크대로 꾸미고 싶다고? 구리 재질로 된 부속품, 레인 샤워기, 눈부시게 흰 보디 타월을 갖춰놓으면 좋겠다고? 바닥은 난방이 되었으면 좋겠다고? 늘 호텔 수준의 깔끔함을 유지하고 싶다고? 영원히 잊지 못할 인도 여행을 갔다 왔던 10년 전에는 고아인도 남서 해안에 있는 옛 포르투갈 영토-옮긴이에서 민박을 운영하고 싶었을 것이고, 군살 없이 탄탄한 복근을 갖고 싶던 적도 있을 것이다. 하지만 모두 헛된 소망이다.

감사함이라고는 모르는 괘씸한 당신, 불평은 잠시 멈춰라. 손잡이에 손을 얹는 것만으로도 순식간에 대변을 집 밖으로 내보낼 수 있다는 사실이 얼마나 고마운지 생각해봐라. 대변이 담긴 양동이를 질질 끌고 밖으로 나가지 않아도 되어서 다행이라는 사실을 인정해라. 당신이 누리고 있는 편리함에 감사할 수 있게 되면, 등나무 수납함을 뒤져 시트 마스크를 꺼낸 다음 얼굴 위에 얹어보자(달팽이 점액질로 된 마스크가 가장 좋다). 마스크를 올려놓은 당신의 흉한 얼굴은 꼭 셀카로 찍어 남겨두어라.

주방: 살기 위해서는 먹어야 하고, 먹다 보면 어질러지기 마련이다

아직 안 치운
설거지 거리

집 근처 한 블록 이내에만 47군데의 음식점이 있다. 또 나를 포함한 작가들은 부자라서 외식에 쓸 돈이 많으므로, 내가 평소에 부엌을 쓸 일은 좀처럼 없다. 오븐은 셀 수 없이 많은 머그잔을 보관하는 용도로 쓴다. 냉장고도 소형 냉장고다. 유럽 사람들은 그걸 보고 '소형'이 아니라 일반 냉장고라고 부를지도 모르겠다. 유럽에 있는 모든 것은 미국의 3분의 1 크기니까. 냉장고는 라이(rye) 위스키, 보드카, 럼과 섞어 마실 음료로 가득 차 있다.

많은 사람이 SNS에 근사한 주방을 자랑한다는 사실을 잘 알고 있다. 하지만 그런 주방도 똑같이 음식을 보관하거나 요리를 할 때 사용한다. 야한 동영상을 검색하던 중 실수로 제빵 블로그를 클릭해서 보다가('주방에서 땀 흘리는 베티'라는 블로그 제목에는 오해의 소지가 좀 있지 않은가?) 제빵도 주방을 충분히 어지럽힐 수 있다는 것을 알게 됐다. 그런데 왜 애초에 어질러진 주방을 치우려고 하는 건가? 당신은 아마 기껏해야 대여섯 가지 요리를 할 줄 알 테고, 같은 재료를 반복해서 사용할 것이다. 몇 시간 뒤에 또 어질러질 텐데 치워봤자 무슨 소용이 있을까?

예를 들어 네이키드 케이크옆면을 크림으로 덮지 않아 빵의 단면이 그대로 보이는 케이크-옮긴이를 한 번 구우려면 아마도 밀가루, 설탕, 베이킹 소다, 케이크 믹스, 초콜릿 칩, 연어, 장식용 생화, 커다란 그릇, 핸드믹서, 숟가락 등 많은 재료가 필요할 것이다. 저녁 식사가 끝난 뒤 이 재료를 준비하다 보면 커피 마실 시간이 되고, 설탕은 이미 다 쓰고 없을 것이다. 그렇다. 지저분하게 사는 것이 훨씬 더 효율적이다.

물건의 양 역시 모든 주방에서 중요하다. 조리기구와 식재료는 많으면 많을수록 좋다. 도넛 제조기, 튀김기, 채소 슬라이서, 커피 그라인더, 아이스크림 제조기, 전기 찜솥, 칼갈이, 전동 깡통 따개까지, 가전제품도 최대한 많이 가지고 있어야 한다. 요리를 마치고 나면 주방에게 "수고해주어 고맙다"라고 말해야 할까. 솔직히 그보다는 주방에게 "빌어먹을, 진정해!"라고 말한 다음 더러워진 접시는 창밖으로 던져버리는 게 더 좋겠다. 대학 시절 친구 한 명은 실제로 그렇게 했다. 밖에 눈이 많이 쌓여 있을 때가 더 좋으며, 물론 지나가는 사람은 없어야 한다. 봄이 되어 쌓인 눈이 녹으면, 마당에 가득한 프라이팬과 접시들이

냉장고 안에
있는 무언가

오래된 토마토?

초현실주의 양식(뉴욕현대미술관에서 배웠다)의 피카소 조각 작품이나 샌타페이^{미국 뉴멕시코 주의 주도-옮긴이}에 사는 히피족의 집 앞마당에 놓인 설치미술 작품처럼 보일 것이다.

팬트리: 일단 사서 쌓아두고 나중에 먹자

통조림 수프는 더 많이 사놓아야 한다. 세상의 종말이 아직 오지는 않았지만, 머지않아 일어날 것이다. 달러도 휴지 조각이 될 수 있으며 아무리 현금을 많이 쌓아놓고 있는 은행이라도 파산할 수 있다. 엄청난 자연재해가 캘리포니아를 덮칠 수 있고 인터넷이 몇 시간쯤 먹통이 될 수도 있다. 망할 수프를 대량으로 사서 집에 쌓아두어라. 편집증에 시달리는 민병대원들만 집에 식품을 비축해놓는 게 아니다. 당신도 꼭 해야 할 일이다. 방사능 누출이 얼마나 지속될지는 아무도 모른다. 많이 쌓아놓을수록 더 좋다.

모든 것을 비축해두자

통조림도 잔뜩

팬트리(Pantry)식품과 식기 등을 보관하도록 주방과 별도로 마련되어 있는 저장 공간-옮긴이가 없다고? 창고나 비어 있는 방에 채워 넣으면 된다. 만찬 모임에 온 손님들에게 40개쯤 쌓아놓은 에이미스 오가닉(Amy's Organic) 통조림 렌틸콩 수프와 크리니크(Clinique)의 대용량 보습 로션을 구경시켜주는 것보다 더 재미있는 일은 없다. 아 참, 세상의 종말이 오면 빵 부스러기 정도와는 비교도 되지 않을 만큼 뱃속을 불편하게 만들 형편없는 음식을 먹어야 한다. 비건 채식육류, 조류, 어류, 달걀, 유제품 등 모든 동물성 음식을 섭취하지 않는 채식-옮긴이이나 글루텐 프리 다이어트글루텐을 섭취하지 않는 식습관-옮긴이와는 작별해야 할 것이다.

침실: 너저분한 것이 더 아름답다

우리 할머니는 침대 시트에 풀을 먹여 다리셨다. 할머니는 우체국에서 일하며 4남매를 키워낸 분이시기도 하다. 나는 지금 더럽기 그지없는 당신 침실과 우리 할머니의 침실을 비교하며 창피를 주려는 것이 아니다. 다만 사회적으로 우리가 얼마나 많은 것을 이뤄왔는지 설명하기 위한 예시이다.

우리 할머니는 1940년대에 인구 400명 정도인 작은 마을에서 살았다. 그러니 그 정도로 깔끔하게 살지 않으셨다면 동네에 소문이 돌아서 사람들이 흉을 봤을 것이다. 아니, 어쩌면 다른 주부들이 "우리도 지저분하게 살아볼까?" 하고 단합해 가부장제가 좀 더 일찍 사라졌을지도 모르겠다.

하지만 오늘날 우리는 다른 세상에 산다. 빳빳하게 다려진 침구는 호텔에나 가야 볼 수 있다. 또 아무리 생각해

봐도 그게 옳은 일이다. 왜냐고? 호텔에서 일하는 직원들은 침구에 풀을 먹여 다리는 일로 생활비를 벌기 때문이다(그러길 바란다). 친구여, 당신과 나는 달리 할 일이 많다. 침실은 잠을 자고, 졸고, 코를 골고, 컴퓨터를 하고, 쿠키를 먹고, 옷을 입고 벗으며, 사랑을 나누는 곳이다. 침실에는 옷더미가 산처럼 쌓여 있고, 솜이불은 바닥에 떨어져 있어야 한다.

침대 시트는 끊임없이 글을 쓰는 중에 묻은 볼펜 잉크로 얼룩진 채 잔뜩 구겨지고 엉켜 있다. 베니션 블라인드 수평 날개판으로 만들어진 발. 가로로 줄을 매달아 여닫게 되어 있다―옮긴이는 한쪽으로만 걷히다 비뚤어져 있고, 이제는 줄까지 꼬였지만 아직 고칠 시간이 없어 그대로 방치되어 있다. 강아지는 거의 매일 밤 당신의 침대에서 자지만 구석에는 강아지 전용 침대가 버젓이 놓여 있다. 바닥에는 아무렇게나 널브러진 콘돔 포장지도 몇 개 보인다. 옷 몇 벌은 방 문고리에 걸려 있다. 미치도록 아름다운 너저분함이다. 스스로 칭찬해주어라.

그 옛날 할머니들이 이 광경을 본다면 큰 충격을 받겠지만, 한편으로는 우리를 부러워할지도 모른다. 시트에 풀 먹여 다리는 일만 없었다면 할머니들이 다른 중요한 일을 더 많이 할 수 있지 않았을까?

옷장: 옷장 문만 닫아두면 오케이

쭈굴쭈굴해진
파인애플 스웨터

남편과 나는 침실 하나짜리 작은 아파트에 산다. 옷장은 하나다. 침실 옷장이 하나라는 게 아니라 집 전체에 옷장이 하나뿐이다. 우리는 그 옷장을 나눠서 쓴다. 두 사람 옷으로 꽉 차 있지만 그래도 괜찮다. 수납 시스템도, 특별한 옷걸이도 필요 없다. 단지 가지고 있는 옷을 걸어놓을 뿐이다. 혹은 바닥에 내려놓거나.

이게 끝이다. 더 들어갈 자리가 없으면 몇 벌을 버린다. (남편이 출근했을 때 내가 남편 옷을 기부한다.) 이게 바로 지나치게 애쓰지 않고 효과적으로 옷을 정리하는 방법이다.

지금 당장 옷장 앞에 서보아라. 이 책을 최대한 활용하려면 모든 훈련을 따라해야 한다. 이제 옷장 안을 들여다보자. 옷이 밝은색부터 어두운색 순서로 정리되어 있는가? 아니면 여름옷에서 겨울옷 순서인가? 색깔별로 정리되어 있는가? 아마도 그렇지 않을 것이다.

옷이 바닥에 내팽개쳐진 채 뒤죽박죽으로 섞여 있는가? 뒤집힌 채로 걸려 있는 옷, 고양이 털이 잔뜩 들러붙은 옷이 있는가? 안 입은 지 꽤 된 듯한 옷도 몇 벌 보이는가? 큰일 났다, 당신은 빌어먹을 실패자다. 성공할 기회 따위는 없을 테니 창문 밖으로 당장 뛰어내려라.

농담이다. 당신도 집에 옷장이 있는 보통 사람들과 똑같다. 그런데 당신이 진짜 행복하지 않은 이유는 무엇일까? 옷장은 반드시 정리되어 있어야 하며, 그래야만 삶의 질이 더 나아진다고 강조하는 이 사회 때문이다.

HGTVHome and Garden TV, 미국의 인테리어 전문 채널 –옮긴이는

92

시청자에게 매주 한 시간씩 할애해서 옷장을 정리하라고 권한다. 미안하지만 미친 소리다! 물론 나도 몇 시간씩 HGTV 프로그램을 몰아보는 것을 정말 좋아하지만, 그렇다고 그들이 내게 이래라저래라 참견할 권리는 없다. 그렇게 해서 우리에게 남은 것이 과연 무엇인가? 지저분한 옷장, 여기저기서 정리하라는 잔소리를 들으며 생긴 죄책감뿐이다.

옷장 문제 해법. 옷장 수납 시스템. "하루에 한 시간이면 충분합니다!"

왜 이런 말을 헛소리라고 지적하는 사람이 없을까? 우리 옷장이 자격 미달이라는 소리는 왠지 귀에 거슬린다.

이런 게 바로 수납 시스템이다!

옷장은 지저분하게 써야 한다. 그러라고 대부분 옷장에 문이 있는 것이다. 옷장 문을 닫아두었는가? 잘했다. 다음 장에서는 지저분한 집의 잡동사니를 종류별로 처리하는 방법을 살펴볼 것이다.

4

물건
에따라어지르
는법이다르다

"물건을 사는 일은 크나큰 즐거움이다."

- 시몬 드 보부아르(Simone de Beauvoir)

모든 방은 각자 다른 방식으로 지저분해진다. 그러므로 이제 잡동사니와 어질러진 방의 중요성을 깨닫고, 종류별로 나누어 제대로 늘어놓는 방법을 배워야 한다. 산더미처럼 쌓여 있는 옷에는 다른 장식품이나 개 껌 따위를 보듯, 크게 신경 쓸 필요 없다. 아이가 여럿이다 보니 생긴 잡동사니든 신기하게도 아직 안 죽고 살아 있는 화분이든, 여러 가지 물건을 어떻게 확실하게 쌓아두고 또 몇 배로 늘릴 수 있을지를 알아보고 당신이 잘 살 수 있도록 도울 것이다. 내 말이 재미있게 들린다고? 아니다, 실제로도 재미있는 일이다.

옷: 개어놓지 말고 구겨진 채 놔두자

옷가게는 고객의 구매 욕구를 자극하기 위해 티셔츠를 스팀다리미로 펴고 종이학 모양으로 접어 진열하라고 직원들에게 월급을 준다. 좋다. 그렇다면 종잇장처럼 얇아서 계산하자마자 손톱에 걸려 올이 나갈 게 뻔한 제이크루(J. Crew)^{미국의 중저가 의류 브랜드 - 옮긴이}의 40달러짜리 티셔츠를 또 사주겠다. 하지만 잘 개놓은 티셔츠를 그대로 들고 집에 갈 생각은 접어둬라. 일단 사고 나면 쇼핑백에서 꺼내 상표를 떼고 난 후, 당장 입고 그날 하루를 보내라. 그날 밤에 잠잘 때도 입는다면 더욱 좋다. 옷을 제대로 입으려면 최대한 빨리 얼룩을 남겨야 한다. 내 경험상 보통 커피 얼룩이나 실수로 묻은 BB크림이 효과 만점이다. 일단 그렇게 길들이고 나면 마음을 놓을 수 있다. 벗어서 바닥에 놔두고 옷이나 그 언저리를 마음껏 밟고 다녀라. 다음에 입을 때까지 그 자리에 푹 절여놓으면 된다. 그러면 의심할 여지없이 완벽하게 길들어서 아주 멋진 모양이 된다.

"네 생일파티 때 입었던 이 티셔츠 말이야? 멋지다니 고마워. 나는 다른 사람이 날 어떻게 생각할지 따위에는 전혀 신경 쓰지 않는 사람이라는 것을 보여주려고 입은 거야. 구겨진 옷이 멋있다는 사고방식을 지키기 위한 일종의 패션 취향이라고 해야겠지."

구겨진 옷은 정말로 멋있다. 그러니 고지식한 생각은 그만두고, 청바지를 잘 개어놓는 일에도 신경 쓰지 마라. 그런 곳에 쓸 시간도 없을뿐더러, 우리가 군대에서 생활하는 것도 아니니까. 그리고 군대에서는 어차피 청바지를 입지도 않는다. 다음으로 넘어가자.

실내복: 어느 때나 입어도 된다

어떤 동료가 어느 날 출근길에 검정 요가 바지를 입었더니 남편이 "이제 요가는 포기하기로 했어?" 하며 놀렸다고 한다. 놀림당해야 할 사람은 그 남편이다. 요가 바지는 입기 편하다. 그러므로 설령 요가를 하지 않더라도 적어도 40벌 정도는 가지고 있어야 한다. 섹시한 잠옷도 물론 좋지만, 솔직히 우리 모두 보통은 민망한 실루엣까지 다 드러나는 운동복 바지 차림으로 잠자리에 든다. 가진 옷 대부분은 실내복이어야 한다는 것을 깨달아야 어른이 될 수 있다.

처음으로 남자친구와 동거하게 되면 '레이스 잠옷도 좀 많이 사두고 제모도 열심히 해야지' 하고 다짐하고는, 매일 밤 섹스 산업 종사자들이나 입을 법한 디자인의 빅토리아 시크릿(Victoria's Secret)세계적인 란제리 브랜드 -옮긴이 브래지어를 입고 누워 있을 것이다. 물론 그 대가로 좋은 시간을 보내겠지. 무슨 말인지 알 것이라고 믿는다.

그러나 10년쯤 지나면 당신은 토끼가 천 마리쯤 희생된 실내용 털 가운, 양 머리가 그려진 양말 등을 사서 입고 신으며 전에 없던 편안함을 즐기게 될 것이다. 생활할 때나 잠자리에 들 때 편안하게 지내는 것이 당신이 인간으로서 누릴 권리임을 깨닫게 되는 것이다. 이제 다른 사람에게 보여주기 위해서 옷을 입지는 않기로 하자. 게다가 실내복이란 건 원래 구깃구깃해져도 여전히 보기 좋으며 1~2주에 한 번씩만 빨면 그만이다.

이 사실을 명심해라. 란제리는 커다란 음모일 뿐이다. 물론 란제리는 쇼핑할 때도, 입을 때도 재미있으며, 많이 가지고 있으면 좋다. 그러나 특별한 날에만 입어야지 매

일 입을 수는 없다. 집에서 실크로 된 나이트가운을 입고 돌아다녀본 적이 있는가? 지독하게 미끄럽다. 게다가 와인을 쏟으면 금방 얼룩이 지기도 한다. 레이스 속옷이 엉덩이에 낀 느낌을 아는가? 더럽게 불쾌하다. 누군가가 자신은 매일 밤 섹시한 란제리를 입고 잠든다고 말해도 절대 믿지 마라. 특히나 그 사람이 추운 지방에 살고 있다면 말이다. 솔직히 서스캐처원캐나다 남서부의 주-옮긴이에 사는 사람들은 10월부터 5월까지 내내 루츠(Roots) 캐나다의 아웃도어 의류 브랜드-옮긴이의 다양한 플리스 재질 옷을 입은 채 잠자리에 든다. 그게 최선이기 때문이다.

그러니 조깅 팬츠, 후드티, 상하의가 붙은 잠옷, 양말, 티셔츠 등을 닥치는 대로 사서 쌓아놓아라. 꼭 기억해야 할 것이 있다. 잘 늘어나는 재질이면 입었을 때 훨씬 더 편하다.

핸드백: 안에 있는 물건이 90가지만 넘지 않으면 된다

지금 사는 곳을 떠나 코스타리카(많은 범죄자의 도피처다)에서 빈손으로 새 삶을 시작해야 한다면, 당신의 핸드백 안에는 당신에게 필요한 모든 물건이 들어 있어야 한다. 여권, 깨끗한 속옷, 아스피린, 립스틱, 셀카봉, 휴대용 술병, 신용카드, 영화에서 보던 작은 권총, 선불 휴대전화까지.

따라서 당신이 들 수 있는 한 가장 큰 핸드백을 사야 한다. 알맞은 크기인지 알아보는 방법은 무엇일까? 와인 한 병이 통째로 들어가는가? 안 들어간다면 포기해라. 들어간다면? 그걸 사라. 그리고 필요할 만한 모든 물건으로 꽉꽉 채워 넣은 다음 절대로 가방을 비우거나 정리하지 마라. 가방 바닥에 굴러다니는 1센트 동전 수십 개 따위는 신경 쓸 것도 없다.

가르랑가르랑

가방

그러나 곤도 마리에 식 정리법에서는 매일 밤 가방을 비우고 잘 접어놓은 다음 가방이 하루 동안 수고해준 데 대해 감사하라고 말한다. 이 바보 같은 짓을 상상이라도 할 수 있는가? 분명히 얘기해두지만, 미치기 딱 좋은 방법이다. 당신과 사귀었던 남자가 혹시 그 장면을 보게 된다면, 분명 당신을 주제로 영화 대본 하나 정도는 써낼 수 있을 것이다.

당신의 핸드백 크기가 크고 온갖 물건으로 가득한 이유는 무엇일까. 온종일 그런 물건이 필요하기 때문이다. 저녁 모임에 손바닥만 한 망할 클러치 백을 들어야 한다고 하면 누구도 달가워하지 않는다. 클러치 백에는 탐폰도, 휴대전화도 반밖에 들어가지 않으니 가방이라고 할 수도 없다. 나중에 주판알을 튕기고 싶거나 고가도로에 낙서를 남기고 싶을 때 쓰기 알맞은 도구도 들어가지 않는다. 그러니 거대한 핸드백을 자랑스러워해도 좋다. 그리고 꼭 기억해라. 선로에 나타난 길고양이 새끼를 구하는 뉴욕시 소방국 때문에 지하철을 타고 가다 객차 안에 갇히게 된다면, 가방에 들어 있던 기내 간식용 아몬드, 손전등, 볼트 절단기, 고양이 사료 등이 방금 생긴 일을 SNS에 올리는 동안 유용하게 쓰일 것이다.

신발: 절대 버리지 마라

인생을 살아가면서 최대한 많은 신발을 모으겠다는 것은 괜찮은 삶의 목표 가운데 하나다. 나는 1999년 스파이스 걸스1990년대 중·후반 세계적인 인기를 누렸던 영국 출신 걸 그룹-옮긴이 시절 유행했던 굽 높은 스포츠 샌들을 아직도 가지고 있다.

신발 보호 스프레이 따위는 신발 가게의 상술일 뿐이니 믿어서는 안 된다. 스웨이드 부츠는 비 오는 날을 피해서 신어라. 그게 신발 보호 방법이다.

신발은 45켤레 정도, 혹은 당신 나이와 같은 숫자 정도로 가지고 있으면 딱 좋다. 아마 납작한 고무 샌들도 이미 세 켤레 정도 있고 운동화도 몇 켤레 있을 것이다. "결혼식 끝나고 검정으로 염색해서 신으면 돼!" 하며 결혼하던 친구가 억지로 권했던, 신부 들러리 드레스 같은 촌스러운 살구색 공단 재질 구두도 있을지 모른다. 그 친구는 결국 이혼했지만, 그래도 신발은 버리면 안 된다. 한 켤레도 버리지 마라. 빌어먹을 슈트리형태 변형을 방지하기 위해 신발 안에 넣어놓는 것. 주로 나무 소재로 되어 있다-옮긴이나 신발 보관 상자 따위는 잊어라. 신발은 그냥 아무 데나 놔두면 된다.

각양각색의
신발

빌어먹을 슈트리는 잊어라

당신은 어질러진 상태를
어느 정도까지 참을 수 있는가

파트너가 거실에 신발을 벗어놓았다. 사이즈가 280밀리나 되는 큰 신발이라서 못 본 체하기도 어렵다. 이때 당신의 반응은?

A. 발로 방 한쪽 구석에 밀어둔다.

B. 크게 한숨 쉬고 신발을 들어서 제자리에 가져다 둔다. 버스를 타고 LA로 가서 할리우드 배우가 되고 싶었던 열일곱 살 시절을 떠올려본다. 가능성이 무궁무진했던 그 시절에는 삶도 참 즐겁지 않았는가?

C. "정리할 물건이 있네!" 하고 소리친 뒤, 아이들이 전부 대

학에 간 지금까지도 할 일이 있다는 데 감사한다. 그러면서 모닝 와인 한 병을 다 비울 동안 신발을 매우 열심히 정리해 선반에 올려둔다.

D. 아무것도 하지 않는다.

신발 1,000켤레

명심해라. A나 D를 선택해야만 제정신을 유지한 채 살수 있다. 잡동사니에 열이나 받는다면 시간 낭비일 뿐이다. 행복해한다면 조금 이상할 것이다. 받아들이는 것만이 해결책이다. 발에 차이는 물건만 가벼운 마음으로 치우든지, 아니면 아예 신경 쓰지 마라. 죽기 전에 과연 '신발 때문에 늘 짜증 내며 살 수 있어서 정말 기뻤어'라고 떠올리게 될까? 아니면 사회가 정한 규칙을 거스르고 자유로운 삶을 살았다는 해방감을 기억하게 될까?

아이들: 난장판이 된 집을 기꺼이 받아들여라

아이가 다섯 이상씩 되는 SNS 친구들이 있다. 종교적 의무 때문이거나 비정상적인 가치를 숭배하기 때문이 아니라 아이들을 좋아하며 대가족을 이루고 싶어 했기 때문이다. SNS에서 보는 사진이 거짓말을 할 리 없으며 친구들은 늘 행복해 보이므로 아마 내 생각이 맞을 것이다. 반면에 아직 어린아이 하나만 있는 친구들도 있다.

둘 중 어느 쪽 가족을 방문하든, 아마 아이들이 어질러놓은 광경을 보게 될 것이다. 어린아이가 있는 집에 놀

아기가
만든
난장판

러 가는 것은 그 자체로도 스트레스를 많이 받는 일이라서, 나는 여섯 살 미만의 아이가 있는 집은 되도록 피하는 편이다. 집에 가기 전에는 남의 험담을 하거나 혹은 세계은행(World Bank)에 관해 토론하고, 토마 피케티(Thomas Piketty)의 《21세기 자본(Capital in the Twenty-First Century)》이 정말 21세기를 대표할 만한 책인지, 당근이 케일을 대체할 수 있을 것인지를 이야기할 것 같겠지만, 결코 그렇지 않다. 정작 그 집에서 당신을 맞아주는 것은 유모차, 놀이 매트, 유축기, 턱받이와 여기저기 아기들이 어질러놓은 흔적뿐이다.

부모가 된 친구들은 〈TMZ〉^{미국 연예뉴스사이트 - 옮긴이} 의 뉴스도 확인 안 한 지 몇 달은 되었기 때문에, 당신은 아이들이 얼마나 귀여운지, 얼마나 많이 컸는지만 이야기하다 한 시간도 안 되어 도망쳐 나올 것이다. (인정하자. 자기가 낳은 자식이 아닌 이상 아기는 지루한 존재다. SNS에 무엇을 올리고 팔로어가 무엇을 알아주길 바라든,

2개월 된 아기는 비눗방울에도, 라피어린이들을 위한 노래 음반 수십 장을 내며 1970~1990년대 영어권 국가 아이들에게 매우 인기가 많았던 가수-옮긴이에도 관심이 없다. 취향이라는 것이 아직 있을 리 없다. 나는 공룡과 로봇에 집착하고 바지를 벗어 머리에 뒤집어쓰는 여섯 살짜리 아이가 더 좋다. 이상한 데다 우스우니까.)

부모들에게 조언하겠다. 당신이 언젠가 죽을 것이라는 중요한 사실을 잊지 마라. 아이들이 있는 한 집은 절대로 정리되지 않을 것이다. 그렇게 생각하면 "그따위 망할 문제는 신경 쓰지 않겠어!"라는 태도로 살아야겠다는 마음을 먹게 되지 않는가? 집을 세상에서 가장 깨끗한 상태로 유지할 수도 있다. 그러나 당신은 지독한 냄새가 나고 정체를 알 수 없는 얼룩으로 가득한 십 대 아들의 침실 때문에 여전히 울고 싶어질 것이다.

앞으로 약 18년을 아이들이 어질러놓은 집 때문에 스트레스나 받으며 살 것인지, 아니면 그냥 포기할 것인지 선택해라. 그래도 당신은 아이들을 사랑하고, 아이들이 예뻐 보이는 날이 더 많을 것이며, 가지 않은 길이나 늘어진 피부에 관한 후회로 괴로워하지도 않을 것이다. 예전에는 참 팽팽했는데! 기운 내라. 그리고 아이들에게 배워라. 집이 더러워질까 봐 아이들이 걱정하는 것을 본 적 있는가? 없을 것이다. 당신도 잘 알고 있듯이 아이들은 아무 고민도, 걱정도 없다.

우리는 주어진 환경을 있는 그대로 즐길 수 있는 능력을 언제 잃어버린 걸까? 청바지에 반짝이 장식을 하거나, 차고 진입로에 분필로 낙서하거나, 손가락에 페인트를 묻혀 벽을 칠해라. 어른이 된다는 것은 어렵다. 부모가 되는 것은 훨씬 더 힘들다. 당신이 통제할 수 있는 일은 정해져 있다. 세 살 된 아이를 어느 유치원에 보내야 하버드 대학교에 갈 가능성이 가장 클 것인지 같은 중요한 문제에 집중해라.

고양이: 더 많은 고양이를 키워라

고양이를 키우는 사람들은 평판이 안 좋은 편이다. 고양이를 많이 키울수록 이상해질 가능성이 높다. 또한 당신의 성별에 따라 신경세포를 외향적 혹은 내향적으로 재배열하는—남성은 더 외향적이고 공격적인 성향, 여성은 더 내향적이며 친절한 성향으로 변한다고 한다—옮긴이 톡소포자충—고양이의 장에서 발견되는 기생충—옮긴이에 감염될 가능성이 커진다.

고양이가 교활하다고 생각하는 사람들도 있다. 맞는 말일지도 모르지만, 고양이를 진정으로 이해하지 못하겠다면 그냥 애완용 쥐 100마리를 키우기를 권한다. 고양이를 좋아하는 사람들이 결국 고양이에 파묻혀 살게 되는 데는 이유가 있다. 고양이는 폭신폭신하고 조용하다. 폭신폭신하고 조용한 것을 싫어하는 사람은 없다. 언제나 적당해 보이는 숫자보다 한두 마리쯤 더 많은 고양이를 키워야 한다. 이것은 중요한 규칙이다. 고양이를 좋아한다면 잔뜩 키워라.

강아지: 강아지도 더 많이 키우자

강아지를 많이 키우려면 교외에 살아야 한다. 그러지 않는다면 강아지한테 못할 짓을 하는 셈이다. 트라이베카 뉴욕 맨해튼 남서쪽에 있는 지역 - 옮긴이에서 그레이하운드 같은 대형 사냥개를 산책시킨다면 당신은 이기적인 데다 악독한 사람처럼 보일 것이다. 나는 돈이 많아서 큰 아파트에 사니까 괜찮다고 말하고 싶겠지만, 아파트는 결코 크다고 할 수 없다. 교외에 있는 진짜 주택으로 이사 가서 강아지가 강아지답게 뛰어다니도록 해줘라.

강아지를 키우면 많은 부대 용품을 사 모을 수 있다는 점이 좋다. 강아지용 스웨터는 10벌쯤, 코트도 몇 벌 필요하다. 눈이나 제설용 소금에 발이 더러워지지 않도록 작고 귀여운 비닐 재질 신발도 잔뜩 사놓아야 한다. 강아지는 떳떳하게 잡동사니를 모을 수 있는 좋은 핑계가 된다.

만약 당신의 강아지가 귀여운 액세서리를 충분히 가

지고 있지 않다면, 당신은 강아지를 제대로 돌보지 못하고 있는 것이다. 시골에 살면서 커다란 개를 키울 때만 귀여운 옷이나 장신구를 사야 할 의무에서 면제된다. 그럴 땐 그냥 말 다리든 칠면조 턱이든 시골 개들이 먹는 것을 아무거나 던져주면 된다. 그리고 당신 개가 이리저리 돌아다니다가 스컹크나 고슴도치와 싸우기도 하는 전원생활을 마음껏 즐길 수 있도록 놔둬라.

책: 어떤 책이든 사서 쌓아놓아라

당신이 책벌레라면 책은 중요하므로 수천 권쯤 모아두고 절대 버리지 않아도 된다는 사실을 본능적으로 알고 있을 것이다. 그러려면 책장도 필요할지 모르겠지만, 책은 그 자체로 쌓아놓기 좋으므로 더 멋지다. 침대 옆 탁자 위에 쌓아놓는 것부터 시작해라. 탁자 위에 자리가 없어지면, 그 아래 바닥에 쌓아두면 된다. 창문턱과 의자 위도 좋다. 배터리가 닳아 휴대전화가 꺼질 상황을 대비해 화장실에도 당연히 몇 권 놓아두어야 한다. 업무와 관련된 책은 책상 위에, 요리책은 부엌에, 장식용 화보집은 커피 테이블 위에 두어라.

오래되고 이상한 책은 다락방이나 차고에 두면 된다. 더 많은 책을 사는 일도 물론 중요하다. 어떤 종류의 서점에 가든 한 권은 꼭 사야 한다. 월세가 8개월쯤 밀려 있더라도 중고 책방에 갔을 때 책을 사지 않는다면, 당신은 독서를 좋아하지 않는 나쁜 사람이 된다.

책을 버려도 되는 경우는 단 하나다. 당신이 퍼시픽 크

레스트 트레일(Pacific Crest Trail)멕시코 국경에서 캐나다 국경

까지 4,286킬로미터에 이르는 도보 여행 코스-옮긴이을 걷는 중이

고 이미 읽은 페이지를 찢어서 버려 배낭을 가볍게 만들

어야 할 때다.

정리에 관한 책이 뭐라고 이야기를 하든 상관없다. 책

은 잡동사니가 아니다. 아무도 도서관에 가서 책을 보며

"젠장, 정말 지저분하네"라고 말하지 않는다. 게다가 책

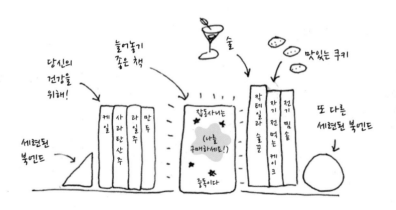

을 한 권도 가지고 있지 않은 사람을 제대로 판단하기란 정말 어려운 일이다. 가장 좋아하는 작가가 데이비드 포스터 월러스라고? 대학 시절 책은 딱 한 권 읽었겠군. 축하한다. 파울로 코엘료의 《연금술사(The Alchemist)》를 추천한다고? 그 책과 인스타그램 스트림에서 보이는 감명 깊은 글귀가 뭐가 다른지 설명해줄 수 있을까? 토마스 J. 스탠리가 쓴 《이웃집 백만장자(The Millionaire Next Door)》를 정말 좋아한다고? 경영학 학위 따느라 애썼다. 부동산 투자가 잘 풀리기를 바란다. 《그레이의 50가지 그림자(Fifty Shades of Grey)》보다 《O 이야기(The Story of O)》1954년 프랑스에서 출간되었으며 에로티시즘 문학의 전설로 불린다-옮긴이를 더 선호한다고? 친구들은 전부 당신이 허세를 부린다고 생각할 것이다. 〈피플(People)〉미국 대중 주간지-옮긴이을 정기 구독한다고? 당신은 파이어볼(Fireball)위스키에 계피나 꿀 향을 첨가한 것-옮긴이을 즐기며 파티에서 가장 신나게 노는 사람일 것이다. 가장 좋아하는 책이 《모비

딕(Moby Dick)》이라고? 젠장, 웃기지 마라.

이제 어떻게 판단한다는 것인지 알겠는가? 새로 사귄 친구의 집을 처음으로 방문했는데 집에 책이 한 권도 없다면 당장 그 자리에서 뒤돌아 나와 그 친구와 절교해라. 책은 눈에 가장 잘 띄는 곳에 두어야 한다.

5

집 **밖과**

인터넷
공간도 어지

르자

"앞마당에 장난삼아 분홍색 플라스틱 플라밍고 장식을 놔두지 않았다면 당신은 교양 없는 사람이다."

– 제프 폭스워디(Jeff Foxworthy)

집 안에만 물건을 늘어놓을 수 있는 것은 아니다. 밖에 나가서 너저분한 마당, 더러운 자동차, 뒤죽박죽 쌓인 편지함의 아름다움을 감상하라. 삶의 모든 영역에서 어지르며 살지 않는다면, 당신은 더 게을러질 기회를 놓치고 있는지 모른다.

마당: 못 쓰는 물건은 집 뒤편에 숨겨두자

나는 이십 대 초반에 집집마다 방문해 다양한 자선 단체의 기금을 모금하는 일을 했다. 약간 떳떳하지 않은 일처럼 들리지만(사실 그렇기는 했다), 자선 단체가 우리 각자와 계약하면, 우리는 돌아다니며 그 단체를 위한 기금을 모금하는 식이었다. 몇몇 기부자는 우리가 돈을 받고 일한다는 사실을 알고 나면 불같이 화를 냈다. 하지만 우

125

리는 일이 있다는 사실이 좋았다. 직업 경험이 전혀 없는 청년, 유럽 출신 불법 노동자, 일반 사무직에는 적응하지 못하는 사람 등 우리는 전부 기본적으로 취업하기 힘든 사람들이었다. 어떤 동료는 살인미수로 복역하고 나온 사람이었다.

나는 초인종, 현관문에 달린 고리쇠, 정원 장식품을 수도 없이 봤고, 레모네이드 한잔하고 가라며 집 안으로 초대하는 마음씨 좋은 아주머니도 많이 만났다. 무엇보다도 온타리오 주 채텀(Chatham)에는 길 하나를 사이에 둔 스무 집 정도가 집 앞에 시멘트로 만든 거위 모형을 세워두고 있었다는 사실이 기억에 남는다. 집주인들은 거위에 색을 칠하고 보닛천으로 된 챙이 없는 모자로 턱 아래에서 끈을 매게 되어 있다-옮긴이이나 밀짚모자를 씌워뒀다. 이렇게 특별한 의미 없는 잡동사니로 마당을 채우는 것이야말로 앞마당 꾸미기의 정석이다.

당신이 흰 돌과 작은 분재로 정교하게 꾸며진 일본식

불교 스타일의 완벽한 정원을 가꾸지 못했다는 사실에 스트레스를 받고 있다면, 정말 유감이다. 하지만 마당은 잡동사니를 쌓아놓고 조잡한 장식물로 꾸미는 공간이다. 그러니 "주의: 버릇없는 손주들이 출몰함" 같은 재미없는 팻말도 자랑스럽게 정원에 세워두어라. 너구리의 화장실이 되기 전까지는 낡은 놀이용 모래 상자를 간직하는 것도 좋은 생각처럼 느껴질 것이다. 뼈대만 남아 마당에 방치된 채 녹슬어가는 오래된 혼다 자동차는 비버 가족이 둥지를 짓도록 놔둬라. 차고에는 당신이 가장 좋아하는 스포츠팀 로고를 페인트로 그려 넣어 끝내주게 꾸며라. 모든 것을 미친 듯이 날뛰게 만들어라.

명절 장식품: 물론 많아서 나쁠 게 없다

당신이 평소 물건 늘어놓기를 뛰어나게 잘하든 어질러진 상태에 여전히 스트레스를 받든, 명절 기념 잡동사니를 끌어 모으는 일은 쉽지 않다. 집 안에 핼러윈 장식용 플라스틱 해골 모형, 추수감사절에 쓸 종이로 만든 칠면조, 메노라(menorah)유대교 명절인 하누카 전통 의식에 쓰이는 여러 갈래로 나뉜 큰 촛대 - 옮긴이, 부활절 토끼, 산타 고무풍선 등까지 늘어놓을 생각을 하면 부담스럽게 느껴질 수도 있다. 그러나 이왕 해야 한다면 최선을 다해야 한다.

우리 숙모는 크리스마스트리를 모은다. 실제로 트리를 500개 가지고 있고, 매년 크리스마스 즈음이 되면 트리를 전부 세웠다가 1월에 치우는 일을 반복한다. 사람들은 핼러윈에도 비슷한 열정을 쏟는다. 사우스캐롤라이나주에 사는 한 친구는 마녀 로봇과 잘린 팔다리 모형까지 동원해 앞마당을 유령이 나오는 묘지로 꾸민다.

자본주의 추종 세력은 이런 사실을 잘 알고 있다. 그래서 추수감사절 즈음이 되면 사실상 칠면조를 주제로 한 거의 모든 것을 살 수 있다. 칠면조 재떨이가 있을까? 물론이다. 칠면조 요리 향 향초? 살 수 있다. 칠면조 껍질로 장식한 마티니? 맛있다. 칠면조 모양 일체형 잠옷? 푹 파묻히기 좋다. 엣시(Etsy)^{빈티지 수제 제품을 주로 판매하는} ^{미국 인터넷 쇼핑몰−옮긴이}에서 구매한 "즐겁고 행복하기를 (Merry and Bright)!"이라고 적힌 종이 깃발 장식은? 언젠 가 크리스마스도 다가올 테니 그 장식도 걸어두고 1년 내 내 내버려두어라.

새하얀 도자기 장식품으로 꾸며놓은 현대적이며 세련 된 명절은 잊어라. 창고에 처박혀 있던 상자를 꺼내거나, 직접 장식품을 만들거나, 달러 스토어^{염가 상품 판매점. 우리} ^{나라 '천원숍'과 비슷하다−옮긴이}에서 쇼핑하거나, 각자 상황에 맞는 방법을 택해라. 깔끔하고 부티 나며 잡지에나 나올 것 같은 시시한 모습은 절대로 명절 풍경이 아니다. 끔찍하게 조잡하고 빌어먹게 지저분한 진짜 명절을 즐겨라.

노동절 기념 럼주나 크리스마스 보드카 칵테일 등 계절

에 맞는 술도 절대 빼놓지 마라. 축제 분위기를 마음껏 누

려라.

QUIZ

명절 장식용 잡동사니 취향 알아보기

1. 만약 죽을 때까지 딱 하나의 명절만 기념할 수 있다면
   무엇을 선택하겠는가?

   A. 내 생일

   B. 비서의 날(Administrative Professionals Day)

   C. 토착민의 날(Indigenous Peoples' Day)

2. 대형 할인점에 왔다. 가장 많이 돈을 쓰는 품목은?

   A. 16개들이 스펀지

   B. 휘어진 평면 스크린 텔레비전과 게살 맛 디핑 소스

C. 대형 할인점은 이용하지 않는다. 보통 '엣시'에서 쇼핑하거나 자전거로 갈 수 있는 거리의 지역 공예품 상점으로 간다.

3. 베네치아가 서서히 물에 잠기고 있다. 당신은 어떤 식으로 돕겠는가?

A. 적십자처럼 정식 인가·지정된 자선 단체를 찾아서 낼 수 있는 최대 금액을 기부한다.

B. 현지에서 필요한 것이 무엇인지 알아내고 표백제, 대걸레, 청소도구 등을 살 쇼핑 원정대를 꾸린다. 또한, 베네치아를 방문하는 동안 홍수로 피해를 본 상점에서 입으로 불어 만드는 베네치아 유리 공예품, 파스타, 양젖으로 만든 페코리노 치즈 등을 할인된 가격으로 살 수 있는지 알아본다.

C. 해비타트에 자원봉사 신청을 하고 무너진 집을 재건하기 위해 이탈리아까지 카풀(carpool)로 간다.

· 대부분 A라면: 마사 스튜어트의 후계자쯤 되나 보다. 당신은 실리적이며 체계적이다. 그 사실을 잘 알고 있기 때문에 조금 자유로워지고 싶어 이 책을 샀을 수도 있다. 필요한 물건에만 돈을 쓰는 편이며, 질 낮고 조잡한 물건은 좋아하지 않는다. 당신은 아침에 차갑고 신선한 오렌지 주스를 마시기 위해 자기 전 주스를 컵에 담아 랩을 씌워 냉장고에 넣어두는 사람이다.

· 대부분 B라면: 당신을 '명절 요정'이라고 불러야겠다. (어떤 명절이든 간에) 명절이라면 사족을 못 쓰는 사람이며, 물건을 사고 사람들을 즐겁게 하는 것을 정말 좋아한다. 명절 기념 파티가 있을 때는 쿠키를 굽고, 직접 만든 장식품에 친구들끼리만 아는 농담을 적어 선물로 주는 사람이다. 플로리다 주립 대학교의 여학생 사교클럽 회원들에게 실제로 #마이애미_비키니, #르브론_제임스2010~2014년 시즌에 마이애미 히트 농구팀 소속이었다-옮긴이 등의 문구를 적어 선물했을 것이다. 사실 이게 말이 되는지 모르겠다. 나는 캐나다 출신이며, 캐나다에서는 농구도 거의 하지 않고, 여학생 사교클럽도 없기 때문이다. 어쨌든 중요한 점은, 당신은 명절을 장악하고 있다는 사실이다. 축하한다.

·대부분 C라면: 당신은 매우 절제된 사람이다. 소비지상주의나 명절에 관심이 없으므로 당신의 집은 따분하다. 당연히 아무도 집에 놀러 오지 않는다. 세 유형 중에 가장 극단적으로 아무것도 기념하거나 축하하지 않는 불행한 사람이다. 세상에 가난한 사람들이 많은데 명절을 즐긴다는 것은 죄라고 생각한다. 물론 그런 생각은 존경하지만, 세상을 구하는 영웅에게도 휴식은 필요하다. 위스키 한 병과 반짝거리는 장식품을 즐기는 정도는 누구에게나 괜찮다.

자동차: 뒷자리에 잡동사니를 쌓아놓자

오하이오 주의 시더 포인트 놀이공원에서 근무할 때였다. 동료 한 명이 자신의 차를 청소하는 걸 도와줄 수 있는지 물었다. 마침 쉬는 날이었고 스무 살 때는 그런 일을 곧잘 돕곤 했기 때문에 그러겠다고 대답했다. 그런데 그 차 안은 정말 어마어마하게 지저분했다. 태어나서 본 것 중 가장 인상 깊은 광경이었다. 그녀는 특히 화이트 캐슬(White Castle)미국의 패스트푸드 체인. 작은 크기의 사각형 햄버거가 특징이다 –옮긴이의 햄버거를 좋아해서, 뒷좌석에 작은 햄버거 포장지가 수십 개 넘게 쌓여 있었다. 컵홀더에 넣을 수 있도록 디자인된 원통형 껌 통도 다섯 개는 보였다. 컵홀더가 이미 다른 잡동사니로 꽉 차 있어서 껌 통은 조수석 바닥에 굴러다니고 있었다. 트렁크에서 개미 사육 상자나 사산된 태아 다섯이 나온다고 해도 놀랍지 않을 것 같았다.

그녀는 차 문을 전부 열고 안에 있던 쓰레기를 퍼내어 길에 쏟아내는 것으로 청소를 마치고는, 새로운 주차 공간을 찾아 차를 운전해갔다. 경계선 반사회적 인격장애자 같기는 했지만, 적어도 '차를 제대로 사용하는 법'을 알고 있는 사람이었다. 나는 가게에서 물건을 슬쩍하는 법을 포함해 그녀에게 많은 것을 배웠다.

자동차는 움직이는 창고다. 유료 창고를 빌리려고 생각하고 있는가? 호구가 되지 마라. 카우보이모자가 많다고? 자동차에 가져다놓아라. 굿윌(Goodwill Industries)^{미국의 비영리단체-옮긴이}이나 애덕기금회(Amity Foundation)^{중국 기독교 비정부기구-옮긴이}에 기부할 물건이 있다고? 트렁

당신의 차 트렁크 안에도 쓰레기가 있는가?

크에 넣어라. 친구와 함께 클럽에 놀러 갔는데 친구 혼자서 NBA 농구선수와 좋은 시간을 보냈다면? 아마 그동안 당신이 차에서 친구를 기다리며 벗어놓은 하이힐과 먹다 남은 맥도날드 감자튀김이 널부러져 있을 것이다. 그것도 그대로 뒷좌석에 둬라. 강아지 담요, 유아용 보조의자, 비상용 삽, 티엘씨(TLC)와 블랙스트리트(Blackstreet)의 CD가 가득한 수납 파일까지 있다면 더 좋다. 취향에 따라서 라이프하우스(Lifehouse)와 슈가 레이(Sugar Ray)의 CD일 수도 있겠다.

동부의 오타와를 출발해 캐나다 횡단 고속도로를 타고(여전히 통행량이 많고 조금 더 춥다는 점만 빼면 미국의 66번 국도와 비슷하다) 남부의 위니펙으로 향하던 중 눈보라에 발이 묶여 도로 위에서 밤을 보내게 된다면, 차가 잘 정리되어 깨끗하다는 사실이 고마울 리 없다. 뒷좌석에 팀빗(Timbit)한입에 쏙 들어가는 크기의 작은 공 모양 도넛 - 옮긴이한 상자, 소니 디스크맨, 맥주 한 상자, 제설기, 읽다

잠들 수 있는 캐나다 연방에 관한 책 등이 있다면 아마 눈물 나게 기쁠 것이다. 기본적으로 차 안에는 세상의 종말이 닥쳐올 경우에 대비한 모든 물건이 준비되어 있어야 한다.

인터넷: 거대한 디지털 발자국을 남겨라

정리를 강조하는 책이나 연구 논문은 대개 많은 정보가 스트레스를 준다고 말하지만, 그따위 소리는 집어치웠으면 좋겠다(그런 저자들은 많은 정보가 스트레스를 준다고 말하면서 그에 관한 책을 쓰거나 동료 심사를 거친 논문을 발표하는 상황이 아이러니하다는 사실을 꼭 깨달아야 한다). 그들은 이렇게 말한다. "정보가 너무 많으면 당신의 뇌는 어수선해진다." "멀티태스킹이 지나치면 오히려 다른 일을 잊어버릴 수 있다."

자, 내가 아주 중요한 사실을 말해주겠다. 무언가를 잊

당신의 모든 셀카 사진은

온라인에 영원히 남을 것이다.

으면 인터넷에서 찾아보면 된다. 계산기가 생긴 뒤로는 더 이상 곱셈하는 방법을 기억하지 않아도 되는 것처럼, 인터넷 덕분에 우리는 이제 어느 것도 기억할 필요가 없어졌다. 그런데도 디지털 잡동사니의 위험에 관한 기사가 매일 쏟아진다. "디지털 잡동사니는 우리 머릿속에서 온갖 알림과 '딩동' 소리, 엄마가 남긴 음성 메시지 등의 형태로 일상을 망치고 있다"라는 식이다. 그러나 이런 일로 일상이 망가지지는 않는다. 우리는 전부 세뇌를 주제로 한 디스토피아 소설 속 사이보그처럼 변하고 있지만, 걱정할 필요 없다. 스마트폰과 인터넷은 멋지니까.

인터넷에서 고양이 사료를 주문하면 두 시간 뒤 집까지 배달된다. 우리 집 고양이들은 인터넷을 사랑한다. 물론 로봇 폭동이나 컴퓨터 시스템 장애가 일어나서 1월의 날씨에 집 밖으로 나가 암시장에서 담배를 음식과 바꿔야 하는 상황이 생긴다면 나는 가장 먼저 죽게 될 것이다. 그래도 그전까지는 앨 고어가 인터넷을 발명한 후앨 고어가 인터넷 탄생 초기부터 그 중요성을 강조하고 정보고속도로 구축을 주도하며 IT산업을 지원한 사실을 빗대어 말한 것 - 옮긴이 **우리 삶이 훨씬 편해졌다는 사실에 동의할 수밖에 없다.**

이런데도 《굿 하우스키핑(Good Housekeeping)》미국 여성 월간지. 소비자 정보 조사기관도 운영하고 있다 - 옮긴이을 **읽거나** 〈슬레이트 팟캐스트〉동명 온라인 시사 잡지에서 제작하는 인터넷 방송 - 옮긴이를 **들을 때마다 꼭 디지털 디톡스(digital detox)의 기쁨에 대해 설교하는 밥맛없는 인간들이 있다.** "나무 위에서 한 달간 생활했더니 정신이 정말 맑아져서 셔플보드큐를 사용해 원반을 이동시켜 득점을 겨루는 스포츠 - 옮긴이 게임을 하거나 제가 직접 만든 조미료 상품의 화살표 모양 로고를 디자인하는 데 더 잘 집중할 수 있게 되었죠."

잘할 수만 있다면 디지털 디톡스를 일주일 정도 하든지, 아니면 사막을 무단 점유하고 전기와 수도도 없이 자급자족하는 캘리포니아 주 슬랩 시티(Slab City)에 가서 살아라.

그러나 우리는 이제 스마트홈에 살고 스마트카를 탄다. 공존할 방법을 찾아야 할 때다. 이메일이 스트레스라고? 흑흑, 슬프기도 해라. 하지만 그렇지 않다. 이메일은 빠르고 편리하며 말 그대로 세상에서 가장 관리하기 쉬운 수단이다. 이메일 주소도 가능한 한 많이 만들어놓아야 한다. 야후, 아메리카온라인, 핫메일 주소는 추억으로 간직해야 하고, 실제 업무용으로 쓸 지메일이나 닷미(.me) 주소도 필요하다. 그리고 익명으로 SNS나 애슐리 매디슨 따위에 가입할 때 쓸 메일도 추가로 몇 개 만들어두어라.

이렇게 생각하자. 이메일은 훌륭한 수단이다. 이메일을 받을 때마다, 링크드인(LinkedIn)세계 최대 인맥 관리 사이트 - 옮긴이이 매일 4,000통의 이메일을 보낼 수 있는 시스템을 구축하는 데 들어간 집단 지성과 에너지에 고마워해보자. 크레이트 앤드 배럴을 좋아한다고? 그들도 당신과 인터넷 친구가 되고 싶어 한다! 어느 곳에 있는 그레이트호(Great Lake)가 가장 깊은지 기억나지 않는다고? 그 따위 것쯤은 인터넷에서 찾으면 된다!

탭을 12개쯤 열어놓고 몇 시간 동안 번갈아 클릭하며 정보를 찾아 읽어보자. 할 수 있는 한 최대한 많은 정보를 소비해라. 국제 뉴스와 연예인 이야기를 읽고 중요한 사건의 동영상을 봐라. 다양한 기사에 댓글을 달고 친구와 의견을 나눠라. 누군가가 마음에 들지 않는 글을 올리면, 언쟁을 벌이고 공개적인 망신도 감수해라. 당신의 뇌를 정보, 오락, 소통으로 채워라. 역사상 한 번도 이렇게 많은 정보를 이용할 수 있던 적이 없다. 미안하지만 도서관은 해당하지 않는다.

당신이 유명해져 2087년에 사는 한 시나리오 작가가 당신의 전기(傳記) 영화 대본을 쓰게 된다면 어떨까. 인터넷 검색 기록과 모든 SNS 계정 접근 권한을 사들이면 당신에 관한 자료 수집은 끝이므로 걱정할 필요가 없다. 1800년대 초반에도 구글이 있었다면 쇼팽에게 발 페티시즘 같은 은밀한 취향이 있었다고 해도 절대 숨길 수 없었을 것이다. 할머니가 앞마당에 심은 등나무를 소재로 글을 써서 당신의 심오한 내면을 보여주려는 회고록 따위는 잊어라. 앞으로는 누군가가 우리에 대해 알아내는 일이 쉬워질 것이다. 몇 년 뒤에는 사람들이 당신의 검색 기록, 이메일, 사진 목록을 마우스로 스크롤하며 여과되지 않은 진짜 당신의 모습을 보게 될 테니까. 이 사실이 불편하게 느껴진다면, 당신의 인생에 문제가 있는 것이다.

이메일은 전부 남겨두자!

이메일 쌓이는 패턴 알아보기

지금 당신의 받은 편지함에 들어 있는 읽지 않은 이메일
숫자는 얼마나 되는가?

A. 2,000통 이상

B. 0통

· A라고 답했다면: 당신은 너무 많은 정보소식 메일을 구독
하며, 시기적절하게 받은 이메일을 확인하거나 이메일에
답해야 할 사회적 의무를 다하지 않고 있다. 적절한 시간

과 노력만을 들여 모든 이메일에 답할 수는 없다는 사실을 인정해라. 인기가 많아서 이메일도 많이 받는 거니까, 절대 외로울 일은 없을 것이다. 메이드웰(Madewell)^{미국의 캐주얼 의류 브랜드 - 옮긴이}과 세포라(Sephora)^{세계적인 화장품 전문 매장 - 옮긴이}가 바로 당신의 친구니까!

· B라고 답했다면: 당신은 이메일을 받으면 모두 답하거나 삭제하거나 분류한다. 좋은 습관인 것 같다. 이 부분은 읽지 않고 넘어가도 됐을 텐데, 당신은 철두철미한 사람이니 아마 읽고 있겠지.

물건은소중
히 간 직 하 되 저
장 **강박은** 피 해
라

6

"아비는 모든 것을 쌓아놓기만 하다 지옥에 떨어졌지만,

그 아들은 덕분에 언제나 행복했으니."

- 윌리엄 셰익스피어(William Shakespeare)

다른 책은 전투적인 태도로 정리를 권하고 있다. (그런 책을 쓴 사람들은 당신이 알레르기를 유발하지 않는 흰 상자 안에서 흰색 레오타드 아래위가 붙어 몸에 딱 붙는 옷으로, 무용수나 체조선수가 착용한다―옮긴이를 네 벌쯤 가지고 살기를 원하는 것 같다.) 하지만 지저분함은 섬세한 예술이다. 제대로만 한다면 아름답기까지 하다. 그러나 단순히 지저분하거나 잡동사니를 늘어놓는 수준을 넘어선 저장 강박은 문제가 될 수 있다. 당신의 아버지, 그리고 아마 당신 역시 물건을 쌓아놓는다는 이유로는 지옥에 떨어지지 않을 것이다. 그러나 저장 강박은 더 큰 문제를 나타내는 심각한 신호이며, 그것 때문에 텔레비전에까지 나오게 될 수도 있다. 그나마 당신이 아직 살아 있을 때 나올 수 있다면 좋겠지만, 어쩌면 이미 죽은 후일지도 모른다.

콜리어(Collyer) 형제에 대해 들어본 적 있는가? 뉴욕 할렘의 저택에 140톤이 넘는 물건을 축적하며 은둔 생활을 했던 전설적인 형제다. 형제 가운데 한 명은 쌓인 쓰레기 더미에 눌려서 사망했고, 다른 한 명은 동생이 사망하고 나서 아사했다. 두 형제의 시신이 발견된 뒤 집 안에서 수거된 물건 중에는 다음과 같은 것들이 있었다.

- 식초에 절인 인체 기관

- 책 2만 5,000권

- 살아 있는 고양이 8마리

- 자동차

- 피아노 14대

- '오래된 음식'

위의 목록을 보면 잡동사니로 어질러진 상태와 저장 강박의 차이를 알 수 있을 것이다.

저장 강박은 다큐멘터리에서나 나올 법한 정신 이상 증세이다. 달러 스토어에서 달걀 삶는 시간을 측정할 때 쓰는 에그 타이머를 40개 구매한 뒤 상표도 떼지 않고 쇼 핑백에 든 그대로 소파 위에 올려놓은 다음 또다시 같은 물건 사기를 반복하는 식이다.

적어도 당신의 시신이 에그 타이머, 2005년부터 발행 된《뉴요커(The New Yorker)》, 애완용 앵무새 사체, 제대 로 일도 못 하고 사망한 로봇 청소기 사용설명서 등에 깔 려 절대 발견되지 못할 정도는 되어야 저장 강박이라고 할 수 있다. 젠장, 솔직히 말하면 정말 멋진 집이었을 것

에그 타이머
x
1,000

같다. 당신이 버려야 할 것들은 아래 몇 가지뿐이다.

- 유통기한이 지난 음식

- 배설물로 더러워진 고양이 화장실 모래

- 빈 샴푸나 린스 통

- 죽은 식물 화분

- 식초에 절인 인체 기관

- 한때는 살아 있었지만 지금은 죽은 모든 것

당신은 지저분한 사람인가
저장 강박 장애인가?

1. 거실에 썩어가는 과일·채소가 있는가?

    A. 있다. 하지만 핼러윈에 쓸 호박등(燈)을 만들려고 산 호
       박이다. 언젠가 호박 빵을 만들 때 사용할 생각이다.

    B. 있다. 하지만 핼러윈에 쓰려고 조각한 호박이므로 썩어
       가는 채소라기보다는 포크아트 옛 가구, 낡은 집기, 일상생활
       용품 등을 장식하는 공예의 한 기법 - 옮긴이에 더 가깝다.

    C. 있다. 그러나 썩은 과일은 내 과일바구니 안에 얌전히 들
       어 있다.

2. 고양이를 몇 마리나 키우는가?

　A. 열 마리

　B. 몇 마리는 베일미국 콜로라도 주의 마을. 스키 리조트로 유명

　　하다 -옮긴이의 별장, 몇 마리는 로마의 아파트에 있어서

　　정확한 숫자를 모르겠다.

　C. 두 마리

3. 당신의 자동차 조수석 글러브박스에서 발견될 만한 물
　건은 다음 중 무엇인가?

　A. 소시지

　B. 녹아내려 아름다운 예술작품이 된 크레파스 한 통

　C. 휴지. 대부분 사용하지 않은 것들이다.

· 대부분 A라면: 저장 강박 장애다. 잘 썩는 물건을 쌓아두는 것은 징그러운 일이다. 곰팡이 포자와 다른 수상한 것들이 공기 중에 떠다니고 당신이 그 공기로 숨을 쉰다는 뜻이다. 진정한 지저분함은 예술이어야지 건강상 위협이 되어서는 안 된다. 가진 물건을 잘 관리해라.

· 대부분 B라면: 저장 강박에 가까워지고 있다. 포크아트는 무엇이든 모아두는 이유로 쓸 좋은 핑계가 된다.

· 대부분 C라면: 전혀 해당 사항 없다. 다음 페이지를 읽어라.

쇼핑은 즐겁다

저장 강박 장애가 아니라고? 잘됐다. 당장 밖으로 나가
서 더 많은 물건을 사라. 물건을 모으는 것은 필수적이며
바람직한 삶의 단계이다. 에이브러햄 매슬로(Abraham
Maslow)가 주장한 욕구 단계 이론의 3단계는 애정과 소
속(love and belonging) 욕구지만, 사실은 애정과 소유
(love and belongings) 욕구였을지도 모른다. 다른 말로
하면 자아실현을 위해서는 먼저 무엇인가를 소유해야 하
며, 그러지 않으면 최상위 단계의 욕구를 충족할 수 없다
는 이야기이다.

소유의 여정은 아마 이런 식으로 진행될 것이다.

● 빌린 여행용 가방, 미키 마우스 알람시계, 낡은 툴루즈(Chat
  Toulouse)디즈니 장편 애니메이션 〈아리스토캣〉의 주인공 고양이
  가운데 하나 -옮긴이/ 구스타프 클림트(Gustav Klimt)/ 커트 코
  베인(Kurt Cobain)미국의 록 뮤지션으로 그룹 너바나의 멤버 -옮긴
  이 포스터 등을 가지고 집에서 나와 독립한다.

● 기술 신생 벤처기업의 직원, 웨이트리스, 병원의 비서 등으로
  일하며 돈을 번다. 돈이 모이면 중고 소파를 사고 낡은 포스
  터는 액자에 담긴 그림으로 바꾼다.

120만 달러
추정

탁구공으로 만든
추상 예술 작품

- 그냥 괜찮아 보이는 사람과 동거하고 결혼해서 식기나 핸드 타월 따위를 결혼 선물로 받게 될 것이다. 구글 검색창에 '왜 저는 결혼을 했을까요?'를 입력하려면 아직 시간이 한참 남았다. (결혼을 후회하게 만드는 이 사회를 탓해라!)

- 아파트나 주택을 구입한다. 집을 물건으로 채운다.

- 개나 고양이를 입양해 귀여운 외투 등으로 단장한다.

스웨터를 입고 있는 개

- 아이를 낳고 육아용품을 산다.

- 부모님이 집을 줄여 이사하실 때 당신이 늘 좋아했던 전등, 지하실에 보관되어 있던 어린 시절 추억의 물건 40상자, 작은 도자기 인형 등 엄청난 양의 물건을 부모님 댁에서 가져온다.

● 머지않아 아이들도 다 크고 계단을 오르내리기도 힘들어져 당신도 집을 줄여 이사하게 된다. 매해 겨울 미친 사람처럼 눈을 삽으로 퍼내는 것보다 클리어워터미국 플로리다 주 서부의 도시. 따뜻한 기후의 휴양지로 유명하다─옮긴이의 멋진 아파트에서 사는 것이 훨씬 낫지 않은가?

그건 그렇고, 더 많은 물건을 소유해야 하는 삶의 초기 단계로 다시 돌아가보자. '애정과 소유' 단계 말이다. 말 그대로 인생 최고의 단계다. 말도 안 되는 미니멀리즘 유행 따위를 좇는다고 이 과정을 그르칠 수는 없다. 집이 없거나 모든 것을 두고 떠나야 하는 난민처럼, 이 단계에 이르지도 못하거나 계속해서 물건을 사 모으는 기회조차 얻지 못하는 사람들도 많다.

우리 숙모는 1967년 내전이 일어나던 나이지리아에서 간호사로 일했다. 신혼부부였던 숙모와 숙부는 각각 가방 하나씩만 들고 나이지리아에서 도망쳐 나와야 했다.

숙모가 챙긴 것은 결혼 앨범이었다. 다행히도 숙모와 숙부는 지금까지 결혼생활을 유지하고 있다. 숙모는 모아둔 금괴 같은 것을 남겨두고 대신 결혼사진을 선택한 결정을 자책하지 않는다. 숙모를 위해서라도 나는 인터넷에서 더 많은 물건을 사야 한다.

일단 이미 가지고 있는 물건에 감사하고, 자아실현을 향해 나아가는 작은 발걸음이 되어줄 새로 산 운동화 한 켤레에도 감사해라. 가지고 있는 것 가운데 유독 마음에 드는 물건이 무엇인가? 성기가 신랄하게 묘사된 펜화 액

특별한 날
찍은
오래된 사진

자? 인사불성으로 취했을 때만 바르는 금색 케이스로 된 짙은 자줏빛 립스틱? 조그만 초밥 그림이 그려진 양말 한 켤레? 훔친 은 식기나 유리 맥주잔?

우리는 물건을 소유하기를 좋아하고, 물건을 더 많이 사는 일도 좋아한다. 그것은 나쁜 일이 아니다! 당신은 사악한 소비지상주의자가 아니다. 10달러밖에 하지 않는 빈티지 스웨터를 발견하면 기뻐하며 갖고 싶어 하는 평범한 사람일 뿐이다. 거의 공짜나 다름없으니까.

스웨터를 사는 경험 자체를 즐기고, 이미 망할 스웨터를 너무 많이 가지고 있다는 죄책감은 잊어라. 그게 뭐 어때서? 이 스웨터가 좋아 보여 사고 싶었을 뿐이다. 무엇인가를 사야 할지 말지 고민될 때는 스스로에게 이 질문 하나만 던져보면 된다. '갖고 싶은가?' 그 답이 '예스'라면, 그게 무엇이든 사면 된다. 인생은 짧고 당신은 그만한 자격이 있다.

아마 당신은 매 순간 최선을 다해 사는 좋은 사람일 것

여러 가지 최신 유행 쿠션

이다. 자신에게 너무 깐깐하게 굴지 말고 필요 없는 물건
몇 개쯤은 그냥 사라. 내게 고맙다는 말은 안 해도 좋다.
이 삶의 단계를 숙달하고 나면, 다음 단계에서는 귀여운
강아지들이 한 바구니 가득 기다리고 있을 것이다.

CONCLUTION

"계속해서 당신을 다른 사람으로 바꿔놓으려는 세상에서

자신을 지키는 것이야말로 가장 위대한 업적이다."

- 랄프 왈도 에머슨(Ralph Waldo Emerson)

이제 당신은 가진 물건을 모두 내다 버리는 것이 제대로 사는 방법도, 실행 가능한 방법도 아니라는 사실을 깨달았을 것이다. 설령 가진 물건의 90퍼센트를 버렸다고 해도, 집은 절대 몇몇 재수 없는 책이 말하는 것처럼 깨끗해지거나 정리되지 않는다. 한 번이라도 이사를 해본 적이 있다면 내 말뜻을 알 것이다. 이삿짐센터 직원(다른 말로 하면 음료수를 얻어 마시고 이사를 도우며 당신을 말없이 미워하고 있을 친구들)이 떠나고 나서도, 집은 여전히 오래된 전기기구 코드, 종이 클립, 전자레인지 보증서 책자, 먼지 뭉치 등 그 집에서 보낸 세월을 말해주는 잔해와 쓰레기 등으로 가득 차 있을 것이다. 짧은 휴가가 끝난 뒤 당신의 여행용 가방을 펼쳤을 때도 마찬가지였을 것이다. 휴가 중 만난 스쿠버 다이빙 강사와 당신이 호텔 온수 욕조에서 즐거운 시간을 보내는 동안, 가방은 폭탄처럼 터지고 옷은 모두 쪼글쪼글한 무더기가 되어 쌓여갔을 것이다. 그러라고 하지, 뭐. 당신은 어쨌거나 수영장 바에서 무제한 럼 칵테일을 즐기느라 바빠서

가방 안에 든 물건을 꺼내 호텔 서랍 안에 정리할 시간도

없었다. 호텔에는 어차피 빈대가 있었을 테니까 괜찮다.

물건을 전부 버리고 기본으로 돌아가라는 이야기가 왜

매력적으로 들리는지는 이해할 수 있을 것 같다. 사람

들이 인스타그램에 사진을 올리기 위해 태양열 발전기

와 생활필수품만 갖춰진 캘리포니아 사막의 지오 돔(geo

dome)삼각형 모양 받침대를 이용한 반구형 주거 형태 – 옮긴이에서

휴가를 보내는 데도 이유가 있다. 일상에서 벗어나 정리

따위는 신경 쓰지 않고, 외계인을 기다리며 최근 어느 곳

에서 퓨마가 출몰했는지에만 신경 쓰며 산다면 좋을 것

이다. 요즘 들어 미니멀리스트는 세련되고 멋진 사람 취

급을 받는다.

하지만 집을 떠나거나 물건을 버리는 것은 해결책이 될 수 없다. 현재 가진 물건과 현실을 인정해야 한다. 지저분하고, 어수선하며, 지독하게 바쁜 평범한 인간으로 사는 삶을 받아들여야 한다.

잠깐 한숨을 돌리고 인생을 이만큼 잘 살아온 자신을 격려해라. 당신은 멀쩡히 살아 있고 이 책을 훑어보거나 읽고 있다. 그렇게 끔찍한 삶도 아니다. 그 정도면 충분하다. 사실 당신은 어느 때보다 더 충만하고 흥미로운 삶을 살고 있다. 스카이다이빙을 하거나 60달러짜리 향초를 사는 일도 미친 짓이거나 불가능한 일이 아니다. 누구도 당신이 하고 싶지 않은 일을 억지로 시킬 수 없다. 누구도 당신에게 잡동사니를 당장 갖다 버리라고 요구하며 당신을 깔끔하게 만들 수 없듯이, 나 역시 당신이 억지로 어지르기를 즐기도록 만들 수 없다.

물론 당신이 MK울트라 계획미국 중앙정보국이 인간의 정신 상태와 뇌 기능을 조종하기 위해 비밀리에 수행했던 불법 인체 실

험-옮긴이과 미국 정부의 세뇌 실험을 조사해봤다면, 심

리 제어도 불가능하지는 않다고 생각할 것이다. 유나바

머(The Unabomber)본명은 시어도어 존 카진스키(Theodore John

Kaczynski)로 하버드 대학교 출신 버클리 대학교 교수였으며 1978년부

터 1995년까지 16회에 걸쳐 폭탄을 소포로 보내 테러를 감행했다-옮긴

이는 군의 지원을 받아 하버드 대학교에서 했던 심리 통

제에 관한 비밀 사회학 연구에 자원해 참가하고 있었다.

화이티 벌저(Whitey Bulger)미국 보스턴의 전설적인 갱단 두목.

연방수사국의 정보원으로 활동한 것으로 알려져 있다-옮긴이도 마찬

가지였다. 제시 벤추라(Jesse Ventura)전직 프로레슬링 선수,

영화배우로 미네소타 주지사를 지냈으며 〈제시 벤추라의 음모론〉이라

는 TV 프로그램을 진행했다-옮긴이의 주장이나 "지구는 평평하

다"처럼 믿기 어려운 이야기 같다면, 정리 스트레스도 없

어지고 시간도 많아졌으니 한번 직접 조사해봐라.

내가 하고 싶은 말은 이것이다. 정리에 신경 쓰든 신경

쓰지 않든, 그 문제는 오로지 당신에게 달려 있다. 어쩌면

내가 연방 쇼핑 컨소시엄 같은 단체의 직원이며, 911테러 이후 조지 부시(George W. Bush) 대통령이 국민에게 "나가서 쇼핑하라"라고 권했던 것처럼, 이 책도 경제 활성화를 위해 더 많은 물건을 사게 할 목적으로 쓰여진 것일지 모른다. 어쩌면 당신에게 물건을 버리고 간소하게 살라고 권하는 다른 저자들은 정부의 '반(反)자본주의·공산주의 선동가 목록' 같은 리스트에 이름이 올라 있을지도 모른다. 밝혀낼 길은 절대 없다.

우리가 확실히 아는 것은 무엇인가. 당신이 할 수 있는 한 최선을 다해 살아야 한다는 것, 이 책을 한 무더기씩 사서 친구들에게 나눠줘야 한다는 것뿐이다. 더 많이 사서 바닥에도 쌓아놓아라. 좀 더 자유롭게 살아라.

더 많은 물건을 살 수 있는 곳

더 많은 물건을 사는 것은 신나고 행복한 여정이다. 그 여
정의 시작을 도와줄 수 있는 장소를 몇 군데 소개하겠다.

엣시(ETSY) 꼭 기억해야 할 곳이다. 시멘트로 된 물비누 통,
구리로 만든 칵테일 셰이커, 매듭 공예 벽걸이 장식, 천연 데오
도란트 등 말 그대로 사람 손으로 만들 수 있는 모든 물건을 사
면서 전 세계의 예술가를 지원할 수 있다.

서점 독서를 그리 좋아하지 않는 사람에게도 서점은 멋진 곳이
다. 요즘은 '우리 엄마는 제인 오스틴(Jane Austen)18세기 영국의
여류소설가. 《오만과 편견》 등을 썼다 - 옮긴이을 좋아해요'라고 써진
위아래가 붙은 유아복부터 머그잔, 양초, 담요까지 온갖 물건을

다 팔고 있다. 그래서 생일 선물 일체를 한꺼번에 급히 쇼핑하기에도 훌륭한 장소다. 알파벳 모양의 북엔드 등 책과 관련된 가정용품, 고양이를 주제로 한 신간 시집 등을 선물로 사서 친구들에게 당신의 사랑을 표현해라.

이베이(EBAY) 세계에서 가장 큰 벼룩시장이라고 할 수 있다. "저기요, 이 중고 지갑 마음에 드네요. 사용한 흔적이 약간 있지만요. 3달러에 제게 파실래요? 안 돼요? 4달러? 5달러?" 이베이 쇼핑은 직장에서 시간을 보내기에도 매우 좋은 방법이다. 꼭 필요한 여러 가지 물건에 입찰하는 동시에, 업무 이메일 일곱 통 중 한 통에 답장하며 책상에 그냥 앉아 있는 것이 아니라 아주 바쁘게 일하고 있다는 티를 낼 수도 있다.

온라인 쇼핑몰 사람들은 온라인 쇼핑몰이 가족 경영 소규모 업체들을 죽이고 있으며, 화장실 갈 시간도 주지 않으면서 시급 2달러에 직원들을 부린다며 유난히 심한 반감을 드러낸다.

그러면서도 다들 샴푸, 새로 나온 초극세사 소파, 고양이 사료, 휴가 때 입을 롱 원피스, 400권쯤 되는 성인용 컬러링북을 사고 이틀 뒤에 집에서 편하게 받아보기 위해 이런 곳에서 쇼핑한다. 다른 상점에는 미안한 일이다.

잡동사니 체크리스트

당신이 잡동사니를 모으는 능력을 최대한 발휘하고 있는
지 확인하고 싶다면, 이 체크리스트가 매우 유용할 것이
다. 집이나 직장에서 아래의 물건 중 한 가지라도 있다면,
잘하고 있는 것이니 안심해도 좋다.

☐ 하트, 고양이, 화살표 등 다양한 모양의 포스트잇

☐ "비욘세도 나도 하루에 주어진 시간은 8만 6,400초로 똑같
다"라는 문구가 적힌 머그잔

☐ 금박 글자로 '부당거래'라고 쓰여진 포스터

☐ 와인잔 액세서리여러 명이 와인을 같이 마실 때 자신의 잔을 표시
하는 데 쓴다-옮긴이

☐ 테라리엄(terrarium)작은 식물을 기르는 데 쓰는 밀폐된 유리 용기-옮긴이

☐ 스파이더 플랜트(Spider plant)잎이 좁고 길게 펴져 거미줄처럼 보이는 식물. 공기정화 식물로 인기가 있다-옮긴이

☐ 따뜻한 나라로 휴가 갔을 때 바닷가에서 주워온 조약돌

바닷가에서
주워온 조약돌

☐ 내용물을 다 마시고 꽃병으로 쓰고 있는 버번위스키 병

☐ 치즈 나이프

☐ 자전거 헬멧

☐ 성인용품 네댓 개 정도

☐ 고양이나 페럿(ferret)족제비과의 반려동물 – 옮긴이을 혼낼 때
  쓰는 물총

☐ 고등학교 졸업 파티나 결혼식에서 가져와 말려놓은 꽃

☐ 절대 착용하지는 않지만, 친척에게서 물려받아 특별한 의미
  를 지닌 액세서리

☐ 할아버지가 쓰시던 넥타이핀이나 벨트 버클

☐ 할머니가 쓰시던 도자기 접시

☐ 고양이 털로 만든 작은 인형

☐ 허리가 아파 더 이상 신을 수 없는 하이힐

☐ 발에 잘 맞지 않아 신을 때마다 물집이 생기는 섹시한 구두

☐ 1년도 더 전에 샀지만 아직도 못 읽은 책 4권 이상

☐ 추억이 깃든 오래된 아날로그 라디오

❑ 장식용 쿠션 두 개 이상

❑ 집, 아니면 튤립 모양으로 보이는 도자기 장식품

❑ 독일에서 산 주석 맥주잔

❑ 술집에서 몰래 가져온 큰 유리컵

❑ 동전으로 가득 찬 통

❑ 팔기만 하면 당장 직장을 그만둬도 될 만큼 많은 만화책

❑ 문구류 전용 서랍

❑ 어린 시절 사용했던 크리스마스 장식품

❑ 계절에 맞춰 산 립글로스나 립스틱(가을용 자주색, 겨울용
　빨간색, 봄용 분홍색, 여름용 주홍색)

❑ 칠판 혹은 칠판 페인트로 칠해놓은 물건

❑ 잼 병으로 만든 공예품(뒤늦게나마 SNS에 가입한 것을 축하

한다)

☐ 무슨 용도인지 알 수 없는 버튼이 빼곡히 달린 리모컨 네 개 이상. 지금쯤이면 전부 음성인식으로 조작 가능할 줄 알았는데 미래기술은 아직 전망이 어두운 것 같다.

☐ USB 케이블과 예전에 쓰던 휴대전화기로 가득한 서랍

☐ 청첩장, 아기 사진, 할인쿠폰, 10개가 넘는 장식용 자석으로 뒤덮인 냉장고

☐ 1년에 한 번씩 '더 창의적인 사람이 되고 싶어' 하는 생각이 들 때마다 쓰는 색연필, 오일파스텔, 수채화 물감, 붓, 스케치북 등 미술용품을 넣어둔 상자

☐ 빨강, 청록, 분홍 등 예쁜 색의 아령 세트

옮긴이의 말

"이 책을 한 무더기 사서 친구들에게 나눠주고, 더 많이 사서 바닥에 쌓아놓아라."

언젠가부터 책, 텔레비전, SNS 할 것 없이 모두가 정리, 잡동사니 버리기, 미니멀리즘에 관해 이야기하기 시작했다. 버리고 비워야 마음도 가벼워지고 행복해진다는데, 솔직히 나는 책 한 권, 티셔츠 한 장도 버리기 힘들어 절절매는 사람이다. 반면 우리 부모님은 굳이 노력하지 않고도 미니멀리즘에 꽤 충실한 삶을 사신다. 이 책을 집어든 독자는 아마 나와 비슷한 성향 때문에 이 책에 끌렸을 가능성이 크다. 거기에 더해 만약 나와 비슷한 부모님을 두었다면, 아마 자라면서 정리정돈 문제로 충돌을 겪은 기억이 있을 것이다. 굳이 요즈음의 '버리기' 열풍을 예로 들지 않아도, 우리가 잘 알 듯 세상은 물건을 버리지 못하는 사람들에게 '괜찮다'고 말해주지 않는다. 그러나 이 책은 아주 자세하고 친절한 방법으로 '좀 어지르고 살아도 괜찮다'고 말하고 있다.

원서를 처음 읽으면서도, 그리고 번역하면서도, 자꾸 혼자 웃지 않을 수 없었다. 저자의 독특한 유머코드도 한몫했지만, 가장 큰 이유는 책에 나온 예시 하나하나가 전부 내 이야기 같았기 때문이다. 분명 대청소를 했는데 몇 달 못 가서 원상태로 돌아오는 방, 필요한 물건 정도는 바로바로 찾을 수 있지만 어쨌든 정신없어 보이는 책상, 계절과 종류에 상관없이 뒤섞여 옷장에 빽빽이 걸려 있는 옷, 내일 당장 세상의 종말이 오더라도 며칠은 살아남을 만큼 많은 물건이 들어 있는 큰 가방, 절대 비우지 않는 이메일의 받은 편지함, 여기저기 쌓여 있어 이제는 발에도 차이는 책……. 잡지와 인터넷 블로그에는 깔끔하고 멋지게 정리된 방과 집 안 풍경만 보여 스스로 창피했는데, '깔끔하게 살지 못하는 사람이 나 하나는 아니구나' 하는 안도감이 들기도 했다.

이 책을 좀 더 많은 독자에게 권하는 것은 단지 옮긴 이로서의 바람이 아니라, 물건을 사고, 물려받고, 모으고, 늘어놓기 좋아하는 한 사람으로서의 바람이다. 많은 물건을 소유한 사람들이 더 창의적이고 똑똑하며 흥미롭게 산다는 것이 연구 결과로도 입증되었다는 것을, 아인슈타인도 책상 위에 먹을 것을 쌓아두는 지저분한 사람이었다는 것을, 굳이 본능을 거스르며 애써 정리하지 않고 그냥 자연스럽게 사는 게 훨씬 행복한 삶이라는 것을, 그러니 죄책감을 느끼며 살 필요 없다는 것을, 다른 사람들도 알게 된다면 좋을 것 같다.

저자는 책 도입부에 이 책은 자기계발서가 아니며 삶의 교훈을 주지도 않을 거라고 분명히 못 박아두었다. 책은 문제를 해결해주지 않는다고도 썼다. 하지만 내게는 이 책이 웬만한 자기계발서보다도 더 큰 위안이 되었다. 죄책감도 조금은 덜해졌으니 '문제'를 해결해주었다고도 할 수 있겠다. 이 사실을 저자가 좋아할지는 모르겠다. 그러나 이 책을 읽게 될 독자도 나처럼 위안을 받으리라 확신한다. 그리고 저자가 책에서 제안한 대로 이 책을 사서 이미 갖고 있는 많은 물건에 개수 하나를 더하고, 거기에 더해 주변 사람에도 권해준다면, 우리에게 죄책감을 안겨다주는 버리기와 미니멀리즘 열풍에 대한 작은 반항이 될 수도 있을 것이다. 자, 이제부터 모두 함께 우리의 공간을 어지를 수 있을 만큼 어질러보자.

나는 어지르고 살기로 했다

1판 1쇄 인쇄 2017년 3월 20일 | 1판 1쇄 발행 2017년 3월 31일

지은이 제니퍼 매카트니 | **옮긴이** 김지혜

사장 김재호 | **발행인** 임채청 | **출판편집인** 허엽 | **출판국장** 박성원 | **출판팀장** 이기숙
기획·편집 정홍재 | **아트디렉터** 최진이 | **표지디자인** 이기준 | **교정** 김경미
마케팅 이정훈·정택구·박수진

펴낸곳 동아일보사 | **등록** 1968.11.9(1-75) | **주소** 서울시 서대문구 충정로 29(03737)
마케팅 02-361-1030~3 | **팩스** 02-361-1041 | **편집** 02-361-1035
홈페이지 http://books.donga.com | **인쇄** 삼영인쇄사

저작권 ⓒ 2017 제니퍼 매카트니
편집저작권 ⓒ 2017 동아일보사
이 책은 저작권법에 의해 보호받는 저작물입니다.
저자와 동아일보사의 서면 허락 없이 내용의 일부를 인용하거나 발췌하는 것을 금합니다.
제본, 인쇄가 잘못되거나 파손된 책은 구입하신 곳에서 교환해드립니다.

ISBN 979-11-87194-34-7 03190 | **값** 12,000원

여러분을 저자로 모십니다
저자 여러분의 원고를 기다리고 있습니다.
좋은 책이 될 기획 아이디어나 원고를 메일(bookpd@donga.com)로 보내주세요.

이 도서의 국립중앙도서관 출판예정도서목록(CIP)은 서지정보유통지원시스템
홈페이지(http://seoji.nl.go.kr)와 국가자료공동목록시스템(http://www.nl.go.kr/
kolisnet)에서 이용하실 수 있습니다.(CIP제어번호: CIP2017005466)